DEPOIS DO POGROM

7 de outubro de 2023, Israel

Proibida a reprodução total ou parcial em qualquer mídia
sem a autorização escrita da editora.
Os infratores estão sujeitos às penas da lei.

A Editora não é responsável pelo conteúdo deste livro.
O Autor conhece os fatos narrados, pelos quais é responsável,
assim como se responsabiliza pelos juízos emitidos.

Publicado por um acordo especial com as Éditions Tallandier em conjunto
com seu devido agente e coagente L'Autre Agence e Villas-Boas & Moss Agência Literária.

Consulte nosso catálogo completo e últimos lançamentos em **www.editoracontexto.com.br**.

Brendan O'Neill

DEPOIS DO POGROM

7 de outubro de 2023, Israel

Tradução
Andréa Kogan

After The Pogrom: 7 October, Israel
and the Crisis of Civilisation
© Spiked Ltd 2025

Direitos de publicação no Brasil adquiridos pela
Editora Contexto (Editora Pinsky Ltda.)

Capa e diagramação
Gustavo S. Vilas Boas

Preparação de textos
Lilian Aquino

Revisão
Beatriz Mendes

Dados Internacionais de Catalogação na Publicação (CIP)

O'Neill, Brendan
  Depois do pogrom: 7 de Outubro de 2023, Israel / Brendan O'Neill;
tradução de Andréa Kogan. – São Paulo : Contexto, 2025.
  160 p.

  ISBN 978-65-5541-597-1
  Título original: After the Pogrom: 7 October, Israel and
the Crisis of Civilisation

  1. Conflito Árabe-israelense 2. Hamas
  I. Título II. Kogan, Andréa

25-2881   CDD 956.940

Angélica Ilacqua – Bibliotecária – CRB-8/7057

Índice para catálogo sistemático:
1. Conflito Árabe-israelense

2025

Editora Contexto
Diretor editorial: *Jaime Pinsky*

Rua Dr. José Elias, 520 – Alto da Lapa
05083-030 – São Paulo – SP
PABX: (11) 3832 5838
contato@editoracontexto.com.br
www.editoracontexto.com.br

Sumário

Introdução 7
A atração pela barbárie 11
O país mais odiado 27
Judeus mentirosos 41
Inveja do Holocausto 55
A aliança mais profana 71
O culto do *keffiyeh* 85
Contra a segurança 101
O expurgo 115
O sangue de sionistas 131
Vidas judias importam 145
Posfácio 153
Eduardo Wolf

O autor 157
A tradutora 159

Introdução

Oito de outubro de 2023 deveria ter sido um dia de uma clareza moral resplandecente para a humanidade. Algo terrível tinha acontecido 24 horas antes. Algo quase impensável. Algo que parecia pertencer ao século passado, ao século da guerra e do extermínio, que invadiu o nosso século. Ódios atávicos saltaram das páginas dos livros de História. Uma orgia de matanças que até então só tínhamos visto em fotos em branco e preto e filmes de Hollywood tomou forma concreta. O passado invadiu o presente. O pogrom voltou.

O Hamas e outros grupos islâmicos invadiram Israel para assassinar judeus. Eles se moveram com movimentos perfeitos ao longo dos *kibutzim* e dos desertos do sul de Israel. Ninguém foi poupado. Nem crianças, nem mulheres, nem velhos. Foguetes foram lançados em carros em movimento. Granadas foram jogadas em abrigos antibomba nos quais famílias se protegiam. Um festival de música virou uma área de matança. Uma festa alegre que reunia jovens, sob a magia de música eletrônica, tornou-se um local de estupro e assassinato – 364 foram mortos ali.

Os números são terríveis. Mais de 1.100 pessoas foram mortas no total, 796 eram civis. 250 foram levadas como reféns. Gêmeos de 3 anos de idade e uma avó de 85 estavam entre os reféns. O número de mortos, por mais que arrepie a alma, não consegue capturar o horror completo que foi aquele dia. O sadismo da violência e a felicidade em consumá-la teriam que ter despertado a consciência do mundo. Eles filmaram sua barbárie e compartilham os atos na internet. Ficaram orgulhosos desse banho de sangue. Um desses "progromistas"* ligou para casa para contar aos pais com orgulho quantos judeus tinha matado.

Eles arrastaram os reféns feridos, que sangravam, de volta para Gaza e os exibiram como em um desfile pelas ruas. O corpo mutilado de uma jovem que estava se divertindo horas antes foi violado, cuspido e atacado com pauladas. Pareciam as aniquilações do passado. Uma violência que achávamos que não era mais possível, o pogrom que achávamos que era coisa de museu, marcou brutalmente nosso condescendente século. O Hamas cumpriu a promessa do seu pacto de fundação, que é matar os judeus.

Isso foi mais do que terrorismo. Foi mais do que assassinato em massa. Foi um total "descarrilamento da civilização", de acordo com a escritora alemã Herta Müller. Israel ficou sujeito à selvageria. A mesma sobre a qual o Estado foi construído para resistir. O Estado para o qual os judeus fugiram para escapar dos pogroms foi agora cercado por um pogrom. Parecia a mais grave das violações, a violação do lugar sagrado dos judeus e do pacto que a humanidade fez depois das consequências da última Grande Guerra: Nunca Mais.

E, mesmo assim, essa clareza moral nunca apareceu. Israel esperou em vão que os ocidentais jovens e letrados se manifestassem a seu favor.

---

* N.T.: O neologismo pogromista é utilizado pelo autor para se referir aos terroristas que realizaram o ataque em Israel em 7 de Outubro de 2023. Pogrom é um ataque violento e massivo que destrói tudo ao redor. O termo começou a ser usado nos anos 1880 em referência aos movimentos contra os judeus na Rússia.

Introdução

Poucos aqui pareciam compreender a enormidade do que tinha acontecido, o desafio não somente para o Estado judaico, mas para a humanidade como um todo. O Hamas não testou somente a segurança territorial de Israel, mas também a consciência moral da humanidade. Lançou um desafio juntamente com suas granadas. Ele desafiou-nos a confrontar a nossa civilização com sua barbárie. Desafiou-nos a nos posicionar de forma determinante contra isso. E nós falhamos.

Esse momento tenebroso exigiu uma lucidez de pensamento moral. E essa lucidez, de forma alarmante, não aconteceu. A mobilização do espírito humano contra os pogromistas não se materializou. A consciência do mundo ficou dormente. Em vez disso, as pessoas falaram sobre "contexto", como se precisasse haver contexto para assassinatos fascistas. As pessoas disseram que a culpa era de Israel, pois tratava mal os palestinos, como se um pogrom fosse uma resposta legítima para uma acusação. A crueldade foi justiçada.

Pior ainda, as pessoas celebraram. Imediatamente depois da carnificina, o povo tomou as ruas de Londres, Berlim, Sydney – não para prestar solidariedade aos judeus, mas para louvar os assassinos. "Fodam-se os judeus", foi dito em Sydney. "Eu apoio 100% o ataque", disse um manifestante em Londres. "Longa vida ao 7 de Outubro", estava em um cartaz em Nova York. O apoio ao Hamas explodiu nos *campi* universitários, a admiração pelo terror foi vociferada nas nossas ruas. Houve uma tomada de consciência absolutamente assustadora: muitos assumiram a causa não dos judeus, mas de seus agressores.

O 7 de Outubro foi essencialmente um dia de horror e tristeza para os israelenses. Foi o pior ataque ao Estado de Israel em 76 anos de existência. Mas foi também um teste moral. Foi um teste moral para o mundo. Muitos livros serão escritos sobre a Guerra Israel-Hamas e sobre o futuro de Israel pós-7 de Outubro. Porém, é do motivo de termos falhado nesse teste moral que este livro trata, e também sobre o que podemos fazer para garantir que nunca mais falhemos novamente.

A ATRAÇÃO
PELA BARBÁRIE

Em outubro de 2023, houve duas explosões de barbárie. A primeira foi o pogrom executado pelo Hamas no dia 7, no qual mais de mil pessoas foram assassinadas e outras mutiladas, estupradas e sequestradas. A segunda foi a solidariedade ao pogrom por grande parte do mundo ocidental. As tentativas de justificar as atrocidades do Hamas. A própria celebração da ação desse exército de antissemitas que, voando de paraglider, invadiu e chegou ao sul de Israel para dizimar a população civil. Os corpos ainda nem estavam frios, os reféns ainda não estavam acorrentados nos túneis úmidos de Gaza, as vítimas dos estupros ainda estavam cambaleando depois dessa imundície podre, quando um clamor cruel e ultrajante veio do Ocidente: "Bom, o que vocês esperavam?".

Nos *campi* universitários, nas mídias sociais e nas ruas houve uma explosão de solidariedade e apoio – não direcionadas a Israel, mas aos brutais extremistas que, um pouco antes, tinham violado de forma absolutamente violenta o território israelense e seu povo. Esquerdistas, formadores de opinião e membros das elites intelectuais lançaram defesas para o massacre dos civis cometido pelo Hamas. Alguns descaradamente se vangloriavam e falavam com orgulho da carnificina. Foi "emocionante" e "estimulante", um professor americano disse sobre a incursão do Hamas.[1] "Glória aos mártires", alunos da George Washington University disseram em Washington DC.[2] Um importante teórico das Ciências Políticas escreveu sobre a emoção que alguns sentiram ao ver imagens dos "paragliders escapando das forças de defesa israelenses" e "agindo com coragem em algo praticamente impossível".[3] Mas o que há "corajoso" em cegar crianças com granadas de mão e sequestrar avós é uma incógnita a ser decifrada.[4]

Para alguns ocidentais radicais, a imagem do pogromista no paraglider tornou-se emblemática. A sucursal de Chicago do Black Lives Matter tuitou uma imagem de um paraglider com a seguinte frase: "Eu me solidarizo com a Palestina".[5] Vemos um movimento que passou os últimos dez anos protestando contra o racismo agora sorrateiramente celebrando um dos piores atos de violência racista dos tempos atuais. Logo em seguida, surgiu uma espécie de "cosplay" de Hamas pelas ruas. Homens com bandanas verdes, no estilo do grupo, foram vistos em uma das manifestações anti-Israel em Londres.[6] Também em Londres, três mulheres foram fotografadas usando adesivos com imagem de paragliders.[7] Depois foram presas e condenadas por expressar apoio ao terrorismo.[8] Nas semanas seguintes da orgia assassina do Hamas, legiões de pessoa de classe média da Inglaterra faziam manifestações juntamente com islâmicos radicais que clamavam pela *jihad* – isto é, guerra sagrada – contra o Estado Judeu. Parecia que um pogrom não tinha sido o suficiente.

A verdadeira dimensão da solidariedade ocidental para com o Hamas logo depois do atentado apocalíptico contra os judeus do sul de Israel foi esclarecida nas pesquisas de opinião.[9] Sobretudo entre os jovens, a afinidade com o Hamas e seus objetivos asquerosos pareciam assustadoramente rotineiras. Em dezembro de 2023, uma pesquisa Harvard/Harris mostrou que 60% dos americanos entre 18 e 24 anos achavam que o ataque do Hamas era justificado pelas acusações dos palestinos. Uma porcentagem alarmante de 50% dizia que estava do lado do Hamas contra Israel. E 51% disseram que eram favoráveis a uma solução de um estado único na qual o Estado de Israel seria eliminado e a terra seria dada ao Hamas e ao povo palestino.[10] Há uma frase para isso: limpeza étnica. Há jovens "radicais" que em um minuto estavam protestando contra a suposta limpeza étnica de Israel em Gaza e no minuto seguinte estavam sonhando em eliminar o Estado Judeu do Oriente Médio e conceder todo o domínio da terra aos odiadores de judeus.

Precisamos falar sobre isso. Precisamos falar sobre a piedade para com os pogromistas que varreu o Ocidente na sequência do 7 de Outubro. Precisamos falar da euforia das classes letradas vendo os *kibutzim* sendo invadidos e as casas dos judeus incendiadas. Precisamos falar sobre a racionalização da esquerda em relação ao pogrom. Precisamos falar do fato de que, quando a barbárie chegou a Israel, quando o fascismo mostrou a sua cara novamente, muitos dos nossos jovens ficaram ao lado do fascismo. Não é suficiente dizer que toda essa *Hamasmania* é um trabalho de alguns extremistas que odeiam Israel. Como o articulista de esquerda Leigh Phillips argumenta, não é verdade que a "esquerda de paraglider" é composta somente de "alguns idiotas lunáticos": não, "o fenômeno já está generalizado demais para ser ignorado".[11]

Está. Não podemos mais ignorar a reação do Ocidente ao pogrom do Hamas. Não podemos mais ignorar o fato de que até o pior ato de violência contra os judeus desde o Holocausto não foi o suficiente para despertar o Ocidente em relação à ameaça do islamismo radical – não somente ao Estado Judeu, mas ao Ocidente como um todo. A primeira explosão da barbárie de outubro de 2023 – a festa assassina do Hamas – confirmou o que muitos de nós já sabíamos sobre esse movimento – uma máquina de guerra odiadora de judeus disfarçada de um movimento de libertação nacional. A segunda explosão da barbárie – as tentativas de justificar o pogrom que rapidamente infectaram nossas cidades e instituições – confirma a desordem moral do mundo ocidental, que virou as costas para os princípios do Iluminismo e para as virtudes da civilização. Ignorar isso seria praticamente um suicídio.

É imprescindível que revisitemos essa loucura que tomou conta do Ocidente nas semanas e meses logo após o pogrom do Hamas. Até mesmo quando o pogrom ainda estava em andamento – com idosos sendo assassinados nas suas salas de estar e participantes de um festival de música sendo jogados em caminhões –, houve expressões de júbilo político em relação ao que um comentarista romantizou dizendo se tratar de uma "fuga de prisão em massa". Ficamos sabendo que "as pessoas de Gaza se libertaram de suas prisões", e isso era algo para se celebrar.[12]

Literalmente. No próprio dia 7 de outubro, Rivkah Brown, do Novara Media (um canal britânico de esquerda), disse: "Hoje é um dia de celebração".[13] Ela comemorou a entrada dos "combatentes do Hamas no território dos seus colonizadores". E, para aqueles que já estavam levantando suspeitas sobre o Hamas ter como alvo os civis, Brown disse: "A luta pela liberdade quase sempre é sangrenta e não devemos nos desculpar por isso". O colega de Rivkah, Michael Walker, perguntou de forma retórica: "Apoiamos os direitos de um povo que luta contra o seu colonizador ou não?". Ashok Kumar, colaborador do Novara e também professor da Birkbeck, Universidade em Londres, tuitou: "Às vezes, festejar em uma terra roubada, perto de um campo de concentração onde 1 milhão de pessoas passam fome, tem suas consequências". Ele estava se referindo ao ataque do Hamas durante o festival Nova. O Hamas assassinou 364 jovens que lá estavam. E estuprou mulheres coletivamente. E mutilou outras pessoas.[14] Chamar essa absoluta brutalidade de uma "consequência" por organizar um festival no sul de Israel é uma forma dissimulada de dizer que essas pessoas mereciam tudo aquilo.

Os três se retrataram de suas afirmações celebratórias quando a carnificina do Hamas se tornou mais clara. De qualquer forma, aquele instinto inicial de celebrar o 7 de Outubro, de dizer que essencialmente Israel merecia tudo aquilo, foi difundido naquele dia cruel.

Enquanto o pogrom estava a todo vapor, 31 organizações estudantis da Universidade de Harvard emitiram uma declaração: "O regime israelense" é "totalmente responsável pela violência que estava em curso", decretaram os radicais da Ivy League. Esta era a mesma política do "ela estava pedindo por isso". Enquanto mulheres eram estupradas e jovens assassinados no festival, a mais de 8 mil quilômetros de distância, em um jardim frondoso e calmo de Harvard, filhos e filhas de pais privilegiados diziam que a culpa absoluta era daqueles que estavam na festa. A culpa não era dos membros do Hamas que estavam usando armas. A culpa não era dos estupradores e assassinos. Não, a culpa era do país no qual aqueles homens cometeram seus atos desumanos; a culpa era de Israel por seu próprio sofrimento; pela degradação sexual de suas mulheres e a execução sumária dos homens.

Era a "culpabilização da vítima" *par excellence*. Os radicais de Harvard são aqueles que normalmente expressam muita preocupação quando há a "culpabilização da vítima". Culpar vítimas de injustiça por suas próprias situações é um pecado mortal aos olhos do grupo de ativistas. De fato, a Harvard Law School aconselhou "evitar a culpabilização da vítima". É inconcebível dizer que "a vítima, em vez do agressor, tem a responsabilidade pelo ataque". E, mesmo assim, foi exatamente o que as 31 associações de Harvard fizeram. Elas culparam os israelenses pelos seus próprios assassinatos. Eles absolveram os pogromistas e condenaram suas vítimas.

Universidades eram viveiros de solidariedade ao Hamas, que se espalharam como um vírus depois do pogrom. A projeção do slogan "Glória aos nossos mártires" na fachada do prédio da Universidade de George

Washington foi uma prova aterradora. Foi obra, supostamente, de um grupo radical chamado Students for Justice in Palestine (Estudantes pela Justiça na Palestina).[15] Aqui temos o tipo de *campus* que ficou anos lamentando o "racismo" dos alunos brancos que se apropriavam culturalmente de penteados que os negros usavam, lamentavam a "cultura do estupro" de alunos homens abordando alunas mulheres quando estavam bêbados, e que agora estava elogiando abertamente os racistas e estupradores do Hamas.[16] Este universo deturpado é um lugar onde uma pessoa branca comendo sushi é uma arrogância racial, mas um exército de fanáticos massacrando mil judeus é uma obra importante de mártires. Colocar a mão no joelho de uma mulher é um ultraje aos olhos do movimento #MeToo – mas violar em massa mulheres no deserto do Neguev é um ato de resistência.[17]

Na Universidade de Birmingham, na Inglaterra, os manifestantes portavam uma faixa que dizia "sionistas fora do nosso *campus*". Alguns teriam gritado: "morte aos sionistas".[18] Algo similar foi expresso pelos organizadores do acampamento pró-Palestina na Universidade de Colúmbia, em Nova York. "Sionistas não merecem viver", diziam.[19] Logo depois do pogrom, dois movimentos das universidades do Reino Unido e da College Union apresentaram propostas exigindo "intifada até a vitória".[20] Como devemos interpretar a palavra "intifada" neste contexto? Depois de poucas semanas da chamada "intifada" que o Hamas executou e que levou ao assassinato em massa de judeus? Para algumas pessoas, parecia um acolhimento acadêmico de uma violência visceral. Parecia ir "além de um apelo por um Estado palestino", escreveu Hadley Freeman, e em vez disso soava como "uma ameaça explícita contra Israel e a diáspora judaica".[21]

Professores estavam frequentemente na vanguarda da celebração do pogrom. Somente uma semana depois do 7 de Outubro, o professor Russell Rickford, da Universidade de Cornell, disse que embora tenha cometido "atos horríveis", o ataque de 7 de Outubro foi "emocionante" e "revigorante". Aqueles que não se sentiram estimulados pelas ações do

Hamas, por seu "desafio ao monopólio da violência, não são plenamente humanos", ele insistiu.[22]

Um pesquisador do islamismo da Universidade da Califórnia, Irvine, descreveu o 7 de Outubro como um "presente de Alá". Foi somente um ataque contra "animais sanguinários" sionistas, ele disse.[23] Um professor da City University em Nova York pediu mais resistência ainda contra os "porcos babilônicos" dos sionistas.[24] Um professor da Universidade de Colúmbia, um dia depois do pogrom, escreveu sobre "o júbilo e o arrebatamento" inspirados pelo "ataque aos postos israelenses de controle" cometidos pelos "combatentes da resistência" do Hamas. Ele vibrou com a "fascinante ocupação dos lugares ao sul de Israel".[25] Um professor da Universidade de Direito de Albany em Nova York celebrou o Hamas por "derrubar os muros do colonialismo".[26] No Reino Unido, um professor da Universidade de Leicester descreveu o 7 de Outubro como "heroico".[27] E assim sucessivamente observamos acadêmicos boquiabertos com o Hamas, absolutamente animados com a barbárie e emocionados com os assassinatos.

A cientista política Jodi Dean resumiu o narcisismo desses demasiado instruídos simpatizantes do Hamas. Para a Verso, uma editora de publicações de esquerda, ela escreveu como também se sentiu muito "animada" com o 7 de Outubro. Por quê? Porque esse evento "impetuoso" parecia aumentar o "sentimento coletivo de possibilidade", ela disse, fez parecer "que qualquer um pudesse ser livre, como se o imperialismo, a ocupação e a opressão pudessem e fossem ser derrubados". Em suma, isso forneceu uma alta dose de energia aos deprimidos radicais ocidentais. Fez com que marxistas, como a sra. Dean, sentissem um "senso de possibilidade" novamente. O pogrom forneceu o frisson da experiência do mundo real a essas teorias impopulares sobre decolonização e sistemas de opressão. Dean admite que o Hamas realizou o ataque "sabendo da devastação que iria ser causada" em Gaza, mas ela ainda acha isso emocionante. Bom, o que são israelenses e palestinos mortos em comparação com o brilho da relevância passageira sentida por esses acadêmicos ocidentais que desejavam ainda estar em 1968?

As elites acadêmicas acolhedoras do pogrom, que se sentiram "animadas" com o evento, confirmaram sua falta de empatia com palestinos e com israelenses. Qualquer pessoa com o mínimo de conhecimento sobre geopolítica saberia que a brutalidade do Hamas sobre Israel levaria a uma guerra total em Gaza. "A um certo nível de destruição", de acordo com Dean. Mas parece que tal inevitabilidade trágica contou menos aos olhos destes que achavam que o pogrom representou a política real. Palestinos e israelenses são meros danos colaterais nos psicodramas morais das confusas elites culturais que desejam a emoção da vitalidade política.

Também nas ruas do Ocidente a solidariedade ao Hamas correu solta. Houve cenas absolutamente perturbadoras. No dia 9 de outubro, antes que a resposta militar de Israel ao pogrom fosse iniciada, manifestantes se reuniram no Opera House de Sydney para queimar a bandeira de Israel e bradar: "Fodam-se os judeus!". Também no dia 9 de outubro, milhares de manifestantes se reuniram na Embaixada de Israel em Londres. Por quê? A invasão de Israel em Gaza ainda não tinha começado. Só há uma conclusão possível: eles não estavam lá para protestar contra a guerra, mas sim para celebrar o pogrom. Como um repórter descreveu: "As pessoas estavam celebrando, praticamente em júbilo": música árabe pop tocava no volume máximo, todos estavam de braços dados e dançando, enquanto fogos de artifício explodiam no céu". "Eu apoio 100% o ataque", disse um dos presentes. "É um golpe no regime sionista", disse outro.[28]

Esta foi uma celebração a favor do pogrom. Em Londres. Em 2023. As pessoas dançaram comemorando o assassinato em massa de judeus. "A celebração da morte de judeus está implícita neste tipo de ativismo", disse um comentarista sobre o encontro de "fundamentalistas muçulmanos e abastados socialistas" na Embaixada de Israel apenas 48 horas depois da atrocidade.[29] Mas esse evento inusitado do dia 9 de outubro, além do horror em si, parece que já se perdeu na história. Mas certamente nos lembraríamos se milhares de londrinos tivessem saído às ruas celebrar o *Kristallnacht* – e por isso também devemos lembrar o que eles fizeram para comemorar o 7 de Outubro.

E depois vieram as manifestações. Londres, Nova York e outras cidades foram atingidas, semanas após semanas, por enormes demonstrações de solidariedade pró-Palestina que frequentemente cruzavam a fronteira para um movimento pró-Hamas. Cartazes equiparavam o sionismo ao nazismo. "De Londres a Gaza, nós teremos uma intifada", foi ouvido em Whitehall. O assustador grito de "Globalizem a intifada" foi ouvido em todos os lugares.

Em um protesto em Londres no fim de outubro, o assassinato dos israelenses ainda fresco na cabeça dos judeus britânicos, um grupo de islâmicos com seus *keffiyehs* (lenços palestinos) cantavam a súplica árabe: "Khaibar, Khaibar, ó judeus, o exército de Maomé retornará!".[30] Isso se refere à Batalha de Khaibar, que ocorreu no século VII na região que hoje corresponde à Arábia Saudita; quando Maomé e seus escudeiros mataram judeus, incluindo mulheres e crianças, por suas "traições". Esses manifestantes estavam provocando os judeus com relatos de sua própria aniquilação. Poucas semanas depois de um exército de fanáticos aniquilar ainda mais judeus. Em algum momento do futuro, quando os netos perguntarem o que eles fizeram depois do pior ataque antissemita em 80 anos, algumas pessoas de classe média de Londres vão ter de dizer: "Eu fui em uma manifestação que tirava sarro de judeus mortos".

Logo, não foi surpreendente ver demonstrações descaradas de apoio à militância antijudaica. Alunos da Universidade de Colúmbia organizaram um evento chamado "Resistência 101", no qual os oradores elogiaram o Hamas. Um se referiu a eles como "nossos amigos e irmãos do Hamas e da *jihad* islâmica". "Não há nada de errado em ser um membro do Hamas," disse outro palestrante.[31] Em Londres, manifestantes gritavam alegremente sobre os rebeldes houtis* pró-Palestina no Iêmen e

---

* N.T.: Os *houtis* são membros de um grupo rebelde e seguem uma corrente do islamismo xiita conhecida como zaidismo. Esta organização política e militar islâmica surgiu no Iêmen, nos anos 1990

sua campanha de terror contra os navios comerciais no Mar Vermelho. "Iêmen, Iêmen, nos deixe orgulhosos, vire um outro navio", eles clamavam.[32] Na bandeira dos houtis há as seguintes palavras: "Morte a Israel" e "Uma maldição sobre os judeus".[33] E mesmo assim nós vimos os supostos antirracistas da esquerda ocidental ajudando moralmente os antissemitas houtis. Foi algo insano: como se o movimento dos direitos civis tivesse torcido pela KKK.

E, assim, aconteceu possivelmente o fato mais preocupante de toda a loucura ocidental pós-pogrom, nesta histeria induzida pelo Hamas: o frenesi de se arrancarem todos os pôsteres que mostravam os israelenses sequestrados no 7 de Outubro. Os apoiadores de Israel colocaram pôsteres com os dizeres SEQUESTRADO(A) em cidades da Europa e dos Estados Unidos. E, em quase todos os lugares, esses pôsteres foram atacados, rasgados, pintados, pisoteados e jogados no lixo. Para onde você olhava em Londres, era possível ver pedaços desses materiais, com as marcas das garras daqueles que tentaram destruí-los. Esses pedaços de papel picado, com somente o olho ou a boca do sequestrado ainda visível, eram evidências de um delírio anticivilizatório que explodiu no Ocidente depois do pogrom do Hamas.

Alguns pôsteres foram vandalizados com a palavra "colonizador" – uma tentativa clara de roubar a humanidade dos reféns, de transformá-los em infratores de violência e não mais vítimas, em planejadores do racismo e não mais presas. Em Nova York, o rosto de uma vítima de 12 anos foi manchado, de forma horrível, com fezes.[34] Uma das imagens mais pavorosas pós-outubro foi encontrada na Finchley Road, em Londres, onde os rostos dos gêmeos israelenses sequestrados no 7 de Outubro foram rabiscados com bigodes de Hitler. Criancinhas transformadas em fascistas, crianças judias tratadas como alvos legítimos de ofensivas fanáticas. Era difícil não ouvir os ecos de catástrofes passadas. Como o colunista Dan Hodges escreveu sobre os gêmeos: "É isto que a comunidade judaica está enfrentando. Não em 1936. Em 2023. Aqui, em Londres".[35]

O antissemitismo disparou. E como poderia NÃO disparar com esses elogios fervorosos ao pogrom contemporâneo nos *campi* universitários, em protestos, nas mídias sociais? Nas semanas logo depois do 7 de Outubro, os crimes antissemitas em Londres cresceram em 1.350% comparado com o mesmo período em 2022. Nos Estados Unidos, os ataques antissemitas aumentaram em 400%. Na Alemanha, 240%. Na França, quase 100%.[36] Lojas e escolas judaicas foram atacadas, além do povo. A palavra "Gaza" foi rabiscada na entrada da Biblioteca Histórica sobre o Holocausto de Wiener, na parte central de Londres, a biblioteca mais antiga do mundo dedicada a esse assunto. Um adolescente judeu foi atingido com pedras quando ia para a sua sinagoga no norte de Londres. Atearam fogo em uma sinagoga em Berlim. Um homem incendiou uma sinagoga na cidade francesa de Rouen. Uma sinagoga em Melbourne foi evacuada depois da chegada de ativistas "pró-Palestina". Alunos da Jewish Free School em Londres foram autorizadas a tirar seus blazers enquanto iam e voltavam da escola, para que o brasão da escola não revelasse que eles eram judeus. Adolescentes judeus falaram que escondiam suas *kipás* embaixo de bonés de beisebol. Não foi algo tranquilo.

Foi mais do que um pico nos índices de crime de ódio – foi uma *continuação do pogrom*. Foi a globalização do 7 de Outubro. Foi a internalização da ideologia do Hamas. Foi o cumprimento, cruzando fronteiras, do decreto reacionário que diz que o Estado Judeu é a fonte dos males do mundo e, assim, o povo judeu se torna culpado por associação. Os simpatizantes ocidentais do Hamas, os intelectuais admiradores desse "energizante" pogrom, os disseminadores dessa propaganda de um Estado único (contrários à ideia de dois Estados – Israel e Palestina), os repetidores estúpidos deste mantra, "Do rio ao mar, a Palestina será livre", e os ruidosos antissemitas que queimaram sinagogas ou forçaram crianças a disfarçar sua judeidade – todos foram amplificadores do pogrom; todos estavam cumprindo as ordens do Hamas; todos eram idiotas "progressistas" úteis de um dos movimentos mais agressivos do planeta.

Houve pedidos suplicantes feitos por formadores de opinião e pela classe ativista para distinguirem seus próprios ativismos anti-Israel dos ataques antijudaicos cometidos por membros menos civilizados da sociedade. Entretanto, seus apelos por essa distinção moral soaram cada vez menos convincentes. Não é irracional enxergar uma ligação entre o ódio obsessivo das elites culturais pelo Estado Judeu e o ressurgimento da hostilidade em relação ao povo judeu. Como David Rich argumentou no *The Guardian*, não seria uma surpresa para todos nós que "um movimento de protesto, que trata o único país judaico do mundo como transgressor de todas as normas morais e humanas" poderia inflamar "pessoas que não gostam de judeus". Rich observa que "estes dois fenômenos – os crimes antijudaicos e os protestos anti-Israel – crescem e diminuem perfeitamente alinhados em todos os momentos".[37]

A ideia de que a classe ativista poderia escolher o Estado Judeu para ser alvo de críticas específica e, muitas vezes, desequilibradas, e insinuar a influência maligna e desproporcional deste Estado em questões globais, inventando desculpas para movimentos antijudaicos virulentos como o Hamas e os houtis, e que isto NÃO teria consequências potenciais para os judeus, parece algo improvável, para dizer o mínimo. Vocês não disseram: "Globalizem a intifada"? Bom, aqui está a intifada globalizada. Não somente nos *campi* ou nas embaixadas, mas também em sinagogas, escolas judaicas, lojas judaicas e museus judaicos. Será que a classe ativista, supersensível em relação aos "discursos de ódio", que vê críticas ao Corão como "islamofobia" e expressões de fatos biológicos como "transfobia", conseguiria reconhecer o fato de que clamar por uma intifada global logo depois de uma intifada envolvendo a matança de mil judeus é, no mínimo, arriscado?

O que foi essa febre? O que causou esse surgimento de solidariedade por um pogrom em setores de uma sociedade respeitável? Por que os chamados antifascistas acolheram os fascistas do Hamas? Por que antirracistas dão desculpas para a violência racista? Por que feministas cujo mantra é "acredite nas mulheres" se recusam a acreditar que mulheres foram estupradas no 7 de Outubro?[38] Como os mais altos postos acadêmicos foram ocupados por defensores da barbárie? Por que pôsteres dos sequestrados pelos extremistas causaram uma fúria tal que, ao serem vistos, foram sujos com fezes ou desfigurados com difamações nazistas? Que loucura foi essa?

É sobre isto que precisamos falar. Parece-me que a histeria pós-7 de Outubro foi só um fruto podre da virada do Ocidente contra a civilização. Do nosso abandono progressivo da razão. Da nossa troca dos ideais iluministas do pensamento racional e da deliberação democrática pelo beco sem saída das políticas identitárias e de calúnias antagonistas. Ao ensinarmos à nova geração o ceticismo em relação aos ganhos da civilização, não podemos mais nos surpreender quando alguns se sentem atraídos pela barbárie. Estimulando uma cultura de autoaversão sobre o nosso passado colonial, não podemos agora fingir que estamos em choque quando alguns realmente sentem prazer em um movimento vingativo "anticolonialista" como o Hamas. Ao permitirmos um culto ao movimento de decolonização nas universidades – do currículo, das mentes, de tudo – não temos o direito de nos surpreender com a barulhenta adoração do 7 de Outubro como uma "decolonização em ação". "O que vocês acharam que decolonização significa?", perguntou a jornalista Najma Sharif. "Só uma atmosfera de decolonialismo com artigos e ensaios?"

E, tendo conspirado pelo aumento de uma cosmovisão identitária que trata os brancos como opressores e não brancos como vítimas, não deveríamos ficar surpresos que este é o mesmo prisma através do qual alguns jovens entendem o pogrom de 7 de Outubro e a guerra subsequente em Gaza. Israel–branco, Palestina–negro. Assim, Israel é mau e a Palestina é boa. "A estranha hesitação de ver judeus como vítimas", de acordo com Hadley Freeman, foi intensificada por essas novas ideologias identitárias que definem grupos sociais e étnicos inteiros como "privilegiados" ou "oprimidos".[39] A horrorosa falta de empatia pelos mortos e estuprados de Israel é a conclusão lógica e desumana de uma política pseudoagressiva que julga a moral das pessoas pela sua cor de pele, seus supostos privilégios e seu local na hierarquia racial por inúmeros mestres ocidentais.

O fato de que Israel não é um "país branco" e que lá há mais judeus do Oriente Médio e do Norte da África e não de ascendência europeia ashkenazita não faz diferença nenhuma para os seus odiadores.[40] Apesar de tudo, Israel já foi declarado culpado pela sua "branquitude". E, assim, nunca pode ser a vítima, mesmo que suas mulheres tenham sido estupradas, suas crianças sequestradas e seus idosos assassinados em suas casas. Até o fascismo pode ser desculpado, parece, se os alvos são aqueles condenados como privilegiados pelas elites.

O pogrom de 7 de Outubro subiu à superfície em nossas sociedades, como gordura na água, uma das tendências mais perturbadoras e degeneradas do nosso tempo. Registrar essas tendências e confrontá-las é a maior e mais urgente tarefa do século XXI.

NOTAS

[1] Cornell professor who found Hamas attack "exhilarating" and "energizing" now on leave of absence. *New York Post*. 25 de outubro de 2023.
[2] "Glory to our martyrs" projected on university campus by pro-Hamas group. *Jewish Chronicle*. 25 de outubro de 2023.
[3] Palestine speaks for everyone, *Verso*, 9 de abril de 2024.
[4] Israel Gaza: Hamas raped and mutilated women on 7 October, BBC hears, *BBC News*, 5 de dezembro de 2023.
[5] BLM Chicago goes on posting rampage as it doubles down on its support of Palestine after issuing a sarcastic apology and deleting post using an image of a paraglider similar to the Hamas terrorists. *Daily Mail*, 11 de outubro de 2023.
[6] Met appeal to find mean who wore Hamas-style headbands on march, *Evening Standard*, 14 de novembro de 2023.
[7] Hunt for Palestine supporters with "pro-Hamas hang-glider signs", as Suella Braverman vows crackdown, *LBC*, 15 de outubro de 2023.
[8] Three women convicted of displaying paraglider stickers at London protest, *CPS*, 13 de fevereiro de 2024.
[9] More than choosing signs: How Britons are navigating the Israel-Palestine conflict, *More in Common*, dezembro de 2023.
[10] Majority of Americans 18-24 think Israel should be "ended and given to Hamas", *New York Post*, 16 de dezembro de 2023.
[11] How the paraglider left hurts Palestine, *Compact*, 9 de fevereiro de 2024.
[12] On October 7, Gaza broke out of prison, *Al Jazeera*, 14 de outubro de 2023.
[13] Left wing journalist Rivkah Brown apologises and deletes tweet celebrating Hamas attach on Israel saying she want to "move forward differently", *Daily Mail*, 11 de outubro de 2023.
[14] Survivors confront their trauma at site of Hamas massacre of music festival, *Times of Israel*, 15 de abril de 2024.

15. "Glory to our martyrs" projected onto building at George Washington University, *Times of Israel*, 26 de outubro de 2023.
16. Rape culture is a "Panic Where Paranoia, Censorhip, and False Accusations Flourish", *Time*, 15 de maio de 2014.
17. Damian Green denies making sexual advances towards young Tory activist, *Guardian*, 1º de novembro de 2017.
18. "Death to Zionists" chanted in Birmingham campus anti-Semitism row, *Telegraph*, 9 de fevereiro de 2024.
19. Columbia Bars Student Protester Who Said "Zionists Don't Deserve to Live", *New York Times*, 26 de abril de 2024.
20. Jewish students face death threats as academics back intifada, *Jewish Chronicle*, 2 de novembro de 2023.
21. Blindness: October 7 and the left, Hadley Freeman, *Jewish Quarterly*, maio de 2024.
22. Cornell University Professor Russell Rickford – who doubled down on saying he was "exhilarated" by Hamas terrorist attack – now APOLOGIZES and says "the language I used was reprehensible", *Daily Mail*, 19 de outubro de 2023.
23. California Islamic Scholar, Adjunct Prof. at UC Irvine, Osman Umarji: Zionists Are Blood-Thirsty Animals; Like 9/11, The Gaza War is an Attempt by Allah To Waken the Muslims' Spirit; The World Is losing Confidence in Western Values And Gaining Confidence in Those of Islam, *Memri*, 10 de novembro de 2023.
24. CUNY Professor: Israeli Zionists are "genocidal, racista, arrogant bullies", *College Fix*, 21 de outubro de 2023.
25. Just another battle or the Palestinian war of liberation?, *Electronic Intifada*, 8 de outubro de 2023.
26. Albany Law professor ripped for praise of Palestinian "tearing down the walls of colonialism", *News Channel 13*, 12 de outubro de 2023.
27. Jewish students face death threats as academics back intifada, *Jewish Chronicle*, 2 de novembro de 2023.
28. "I support the attack 100%": inside London's Israel embassy protest, *Unherd*, 10 de outubro de 2023.
29. Hateful fools will protest at the Israeli embassy – this is why we must let them, *Evening Standard*, 9 de outubro de 2023.
30. Racism in the mask of anti-imperialism, *spiked*, 29 de outubro de 2023.
31. Columbia suspends students for "Resistance 101" event at which speakers praised Hamas, *Times of Israel*, 6 de abril de 2024.
32. Protestors chant "Yemen, Yemen, make us proud, turn another ship around" as 200.000 march through London and Met Police move in to make arrests – and Just Stop Oil are there too, *Daily Mail*, 13 de janeiro de 2024.
33. Houthis show resolve that western strikes will be hard pushed to shake, *Guardian*, 12 de janeiro de 2024.
34. Visegrad24, *X*, 14 de novembro de 2023.a
35. "Hitler" moustaches drawn on Israeli child hostage poster, *Ham and High*, 26 de outubro de 2023.
36. Blindness: October 7 and the left, Hadley Freeman, *Jewish Quarterly*, maio de 2024.
37. The 7 October Hamas attack opened a space – and antisemitism filled it. British Jews are living with the consequences, *Guardian*, 16 de maio de 2024.
38. MeToo unless you're a Jew, *Unherd*, 17 de novembro de 2024.
39. Blindness: October 7 and the left, Hadley Freeman, *Jewish Quarterly*, maio de 2024.
40. No, Israel isn't a country of privileged and powerful white Europeans, *LA Times*, 20 de maio de 2019.

O PAÍS
MAIS ODIADO

Será que já existiu um país mais odiado que Israel? Nenhuma nação provoca a ira da classe ativista ocidental mais do que a nação israelense. Nenhum militarismo provoca tanto ódio dos nossos pacifistas como Israel provoca. Israel, um país minúsculo do Oriente Médio, do tamanho do País de Gales, é o Estado pelo qual as pessoas ficam mais obcecadas, iradas, boicotam e temem. Milhares de civis podem morrer na guerra civil da Síria, ou na ofensiva da Árabe Saudita contra o Iêmen, ou em Myanmar, Tigré, Sudão, e ninguém vai botar o pé na rua para fazer nenhuma pungente manifestação. Mas, no minuto em que Israel faz algo contra os terroristas em suas fronteiras, a classe ativista estará fazendo seus cartazes anti-Israel, passando com ferro as bandeiras palestinas, tirando seus *keffiyehs* do armário e indo às ruas para gritar: "GENOCIDA!".

"A hostilidade dirigida ao único Estado democrático do Oriente Médio e ao único país judeu do mundo supera em muito aquela voltada às autocracias mais cruéis", escreveu Jake Wallis Simons.[1] É isso. A implacável repressão aos jovens que se posicionaram contra a lei obrigatória do *hijab* em 2022 mal afetou a consciência dos virtuosos do Ocidente. Os uigures, tão desumanizados pelo regime chinês, parece deixá-los indiferentes. E em relação à Guerra do Azerbaijão e Armênia – quem sabia que havia essa guerra? Ou que mais de 6 mil pessoas morreram ali em 2020? Será que sabem ao menos onde ficam esses países? Entretanto, essas pessoas sabem tudo sobre Israel, até mesmo os nomes de cada pessoa do gabinete de Benjamin Netanyahu, pois assim eles podem chamar essas pessoas de nazistas nas mídias sociais.

Nem as forças militares dos seus próprios países mobilizam ou enlouquecem a classe ativista tanto quanto às de Israel. Os progressistas boicotam os produtos e a cultura israelenses de forma fervorosa, tomando muito cuidado para proteger suas casas e vidas dessas produções que vêm do país mais diabólico do mundo. Entretanto, essas pessoas consomem com prazer o cinema americano e roupas inglesas, apesar de as ações militares dos Estados Unidos e da Inglaterra no Oriente Médio, ao longo dos últimos 20 anos, terem causado mais mortes do que todas as guerras de Israel juntas.[2]

Antes do 7 de Outubro, cerca de 86 mil árabes haviam morrido em todas as guerras contra Israel desde sua fundação, em 1948. O número de mortes pós-7 de Outubro, na guerra Israel-Hamas ainda é incerto, mas se aceitarmos que é algo em torno de 30 mil (no momento da escrita deste texto), isso significaria que cerca de 116 mil árabes morreram em guerras envolvendo Israel ao longo dos últimos 76 anos. A invasão do Iraque pelos Estados Unidos e pela Inglaterra provocou cerca de 200 mil mortes de civis.[3] A intervenção no Afeganistão causou cerca de 175 mil mortes.[4] Nossos horrores militares tornam Israel menor neste sentido. Os virtuosos do Ocidente, que preferem passar fome a comer uma laranja que vem de Israel, e estão mais do que felizes ao se deleitarem com o capitalismo americano e inglês, têm algo a explicar.

O padrão duplo dos ocidentais odiadores de Israel tornou-se claro durante a controvérsia na competição da Eurovision em 2024. Drag queens e outros membros da comunidade LGBTQIAPN+ boicotaram a competição de forma extravagante devido à participação de Israel. Permitir que Eden Golan fizesse a sua performance quando a nação de Eden estava executando um "genocídio" em Gaza era uma afronta a suas consciências. Então, fecharam os bares gays, recolheram as bebidas e evitaram olhar o X para saber atualizações da Eurovision. E, no entanto, essas mesmas pessoas teriam dançado a noite inteira durante as investidas britânicas de mau gosto na guerra mais cruel e incauta no Iraque. As respectivas consciências estavam tranquilas. Eles queriam *douze points** para nós, não expulsão. Por que a guerra em Gaza com Israel, em resposta ao assassinato de israelenses cometido pelo Hamas, é um "genocídio" que merece uma censura global feroz, mas a invasão da Inglaterra cheia de mentiras em relação ao Iraque não merece? Essa é a pergunta que os virtuosos não conseguem responder.

Mesmo no momento mais sombrio de Israel, o país cambaleando depois do ataque terrorista, as pessoas protestavam. Como Hadley Freeman aponta depois do 7 de Outubro: "Havia protestos anti-Israel... antes de Israel ter respondido". Em Londres, Sydney e outras cidades, Israel já estava sendo insultado, odiado, com sua bandeira queimada e suas crenças sionistas condenadas antes mesmo de ter decidido como reagir às vítimas de estupro, antes de dar a notícia aos familiares de 36 crianças que morreram na matança medieval do Hamas, quando o supostamente cuidadoso Ocidente estava indo às ruas para condenar o país.[5] Este foi o sal que a *Israelfobia* colocou na ferida do pogrom.

Onde estava o minuto de silêncio para as centenas de judeus assassinados pelo Hamas? Ou para os 39 tailandeses que o Hamas matou,

---

* N.T.: Sistema de votação da Eurovision.

transformando essa ação num dos maiores atos de violência contra trabalhadores migrantes do mundo contemporâneo?[6] Onde estavam os antirracistas? O Hamas é um grupo abertamente antissemita cujo pacto de fundação exige uma genocida "luta contra os judeus".[7] E cujos líderes oficiais diziam recentemente, em 2021, que os palestinos deveriam comprar "facas de 5 shekels" e usá-las para cortar a cabeça de judeus.[8] E que haviam acabado de matar mais judeus em um único dia desde os nazistas. Parece que isso os antirracistas do Ocidente deveriam condenar. Mas, mesmo assim, o primeiro instinto imediatamente após o pogrom foi protestar contra a vítima daquela violenta orgia de fanatismo, não contra seus agressores.

Onde estavam as feministas? O Hamas é notoriamente um movimento misógino. Já havia sequestrado, estuprado e matado uma quantidade enorme de mulheres. Ainda assim, as feministas (certamente aquelas da interseccionalidade) também estavam preparando suas bandeiras palestinas logo depois do 7 de Outubro.[9] E em relação aos ativistas do movimento LGBTQIAPN+ que depois detonariam a inclusão de Israel na Eurovision? – não conseguiram encontrarram uma palavra de condenação ao 7 de Outubro para os homofóbicos do Hamas, cuja incursão em Israel envolveu o assassinato em massa de jovens israelenses de todas as orientações sexuais em um festival de música no deserto? Aparentemente, não. O movimento "Queers for Palestine" também respondeu ao pogrom protestando contra a nação que sofreu o ataque.

O fato de que o ânimo dos ativistas contra Israel estava aumentando mesmo antes de Israel ter respondido ao ataque do Hamas, e muito antes de terem começado uma invasão de grande escala em Gaza (em 27 de outubro), nos diz muito sobre o ódio em voga em relação à nação judaica. Isso sugere que não é necessariamente o que Israel *faz* que enfurece os barulhentos injuriados da burguesia ocidental, mas o que ele *é* – menos suas ações do que sua própria existência é o que antagoniza sua legião de odiadores no Ocidente. A fúria prematura dessas pessoas com o Estado Judeu e sua ira com uma guerra que ainda nem tinha começado confirmaram que as retaliações de Israel eram somente uma parte do motivo pelo qual eles se enfurecem contra o Estado – mais importante ainda é o que Israel parece representar que incita a fúria.

Parece-me que Israel se tornou uma espécie de portador de todos os pecados para os *wokes* do Ocidente. Um totem de tudo que eles acham represensível na sociedade, na cultura ocidental e na história ocidental. E eles se enfurecem contra o país menos por fins políticos do que pela salvação pessoal, um meio de se absolverem de supostos pecados da modernidade. Se o ódio nutrido por esse Estado parece irracional, como quase sempre, é porque não se trata de um protesto contra a guerra como já conhecemos, mas algo mais cruel, mais incontrolável e totalmente obstinado.

Há algum tempo o ativismo anti-Israel tem exibido um tom nitidamente visceral. Os gritos contra Israel recorrentes nesses protestos parecem que são mais um rosnado do que uma oposição, mais rudimentares do que lógicos. É possível perceber isso na linguagem também. As nações lutam em guerras, causam mortes e cometem injustiças, Israel assassina, massacra e realiza um genocídio.[10] Nós realizamos intervenções militares, Israel derrama sangue.[11] Nós causamos efeitos colaterais, Israel comete "assassinato". As crianças, tragicamente, morrem em guerras, mas Israel efetivamente trava "guerras contra crianças" – de acordo com as palavras de um alto oficial da Unicef.[12] Israel está "feliz em matar crianças", disse um apresentador da BBC.[13] *Feliz*. Nós sofremos quando crianças morrem, Israel fica alegre.

Nós temos o "fogo amigo", esses terríveis acidentes que acontecem em todos os conflitos, Israel assassina. Houve tantos "fogos amigos" durante a intervenção da Otan na Líbia em 2011 que nossos aliados anti-Gaddafi pintaram os tetos de seus veículos de rosa-choque para tentar escapar dos mísseis perdidos.[14] Mas quando Israel, erroneamente, acertou os trabalhadores humanitários do World Central Kitchen, matando sete, nunca poderia ter sido acidental. Não, "Israel mata trabalhadores humanitários", declarou o jornalista do *Guardian*, Owen Jones. "Genocídio é isso",[15] ele disse. Nós cometemos erros, Israel comete genocídios.

Há claramente um lado sensacionalista nos comentários da mídia sobre a guerra de Israel em Gaza que você não vê sobre outras guerras. Um jornalista escreveu para a *Nation*, descrevendo que estava "pisando numa trilha de sangue", "no inferno que é hoje Gaza", "graças à selvageria do Estado Judeu".[16] Sangue deve ser uma obsessão para os críticos de Israel. Ouvimos mais uma "rodada de derramamento de sangue".[17] "O derramamento de sangue em Gaza" deve parar, disse Khalil Jahsan, do Centro Árabe em Washington D.C.[18] O primeiro-ministro da Malásia, Anwar Ibrahim, falou algo que viralizou entre os odiadores ocidentais de Israel quando ele condenou o "implacável derramamento de sangue" em Gaza.[19]

Há uma verdadeira tendência de viralizar on-line imagens sangrentas dos horrores em Gaza. Aventure-se nas mídias sociais e você será "exposto a uma visão caleidoscópica, sem descanso, do sofrimento humano", disse um escritor para a *New Republic*.[20] Ativistas anti-Israel compartilham alegremente fotos de crianças mortas sem alguns membros, até mesmo sem cabeça, e colocam esses exemplos como prova da maldade de Israel. Tragédias similares acontecem em todas as guerras – eles acham que os corpos de 37 civis mortos por um bombardeio aéreo em um casamento no Afeganistão em 2008 estavam perfeitamente intactos? Não faz diferença. O que conta é extrair "fotos brutais" de palestinos cobertos de sangue para que outros possam ser convencidos da maldade de Israel.[21]

E, de novo: sangue. O eco de tiranias mais antigas e mais pesadas é difícil de ignorar. A diferenciação do Estado Judeu como a nação que trava "guerras contra crianças", a única nação que fica "feliz" quando crianças morrem, juntamente com a horripilante fascinação com cada gota de sangue que Israel derrama, ou melhor, "permite", nos relembra o medo antigo irracional dos judeus. Como a BBC nos lembra, o antissemitismo na Idade Média era frequentemente alimentado pela ideia do "libelo de sangue" – "alegações falsas de massacres contra comunidades judaicas".[22] "Libelos antigos alegavam que os judeus matavam crianças cristãs para usar seu sangue quando assavam as *matzot*, o pão que se come na *Pessach* (Páscoa judaica)". O historiador israelense Gadi Taub comenta; "Os libelos de sangue contemporâneos alegam que as Forças de Defesa Israelenses (IDF – sigla em inglês) são exclusivamente assassinas e matam deliberadamente crianças palestinas para satisfazer sua sede de sangue".[23]

A visão de que Israel é "uma nação estritamente assassina", uma das mais bárbaras do mundo, foi disseminada logo depois do 7 de Outubro. Owen Jones chamou a guerra de Israel contra o Hamas de "um ataque militar exclusivamente assassino".[24] Alguns parecem acreditar verdadeiramente que a guerra em Gaza é uma das piores guerras que já existiram. É uma das "mais intensas campanhas contra civis na história", disse um historiador.[25] "É o conflito mais mortal do século XXI", alega a Oxfam.[26] Alguns comentaristas dizem: "É um crime mundial histórico".[27] O comentarista futebolístico que se tornou um tuiteiro piedoso, Gary Lineker, descreveu a guerra em Gaza como "a pior coisa que já vi na minha vida".[28] Há histeria em tudo isso. Um dos amigos de Lineker[29] – Alastair Campbell, assessor de Tony Blair durante a invasão do Iraque – ajudou a promover uma calamidade que, em todas as medidas, era pior do que está acontecendo em Gaza.

Em parte, o analfabetismo histórico está em jogo aqui. Como um professor da London School of Economics salienta, até uma breve análise de outras guerras recentes – na Síria, Iraque, Sri Lanka, República Democrática do Congo, Sudão, Etiópia – deixa claro que o conflito "Israel-Palestina não é único no que se refere ao poder destrutivo de civis".[30] Nesses conflitos, centenas de milhares morreram, ofuscando o número de mortes na guerra iniciada pelo Hamas em 7 de Outubro. Retorne para antes do século XXI e a perigosa cretinice da ideia de que Israel é "estritamente assassino" torna-se mais clara. A Guerra Irã-Iraque dos anos 1980, a calamidade no Camboja nos anos 1970, a Segunda Guerra Mundial – estes foram conflitos nos quais o número de mortos é contado em milhões.[31] A guerra de Israel contra os pogromistas que mataram seus civis em 7 de Outubro é um conflito local, ainda que importantíssimo, em comparação com essas batalhas e atrocidades das décadas recentes.

Mas há aqui algo mais do que ignorância histórica. Algo mais pesado. Jake Wallis Simons descreve como um processo de "demonização", que é "a primeira caraterística da Israelfobia".[32] Começa por uma "preocupação febril em relação aos males do Estado Judeu", ele diz, algo que condiciona as pessoas a acreditar (apesar de todas as evidências contrárias) que Israel é realmente uma "nação assassina única".[33] Penso que essa difamação incessante do Estado Judeu, o exagero desvairado de seus "crimes", a priorização impiedosa da dor de suas vítimas sobre qualquer dor já experimentada de qualquer outro ser humano em uma guerra, não tem nada a ver com ser realmente antiguerra. Ao contrário, é uma cruzada de difamação contra um pequeno Estado, cujos métodos se assemelham mais às práticas do próprio imperialismo do que aos princípios morais daqueles que o criticam.

Há 15 anos, o grande escritor judeu Howard Jacobson analisou a intolerância e até a crueldade dos sentimentos contemporâneos anti-Israel. Esse "ódio em relação a Israel expresso nas nossas ruas, nas nossas universidades e nossos jornais, rádios e TVs", é filho da intolerância, do fanatismo, não do progresso, ele disse. "É um ódio além do normal, inexplicável em sua histeria e em sua violência." É uma revolta "irracional, alucinada e, no meu ponto de vista, irreversível, que está envenenando tudo em que supostamente acreditamos aqui – a troca de opiniões aberta, a sensatez de pensadores e professores, as boas ideias de interdependência social, que chamamos de relações comunitárias, perspectivas de mundo, tolerância, verdade". Quando esse ódio está à solta, ele escreveu, você pode "sentir o gosto das toxinas".[34]

E seu componente mais cruel? A regularização do sofrimento histórico dos judeus para que envergonhe e isole o moderno Estado Judeu. Por que, Jacobson perguntou, os ativistas "chamam os israelenses de nazistas e comparam Gaza ao Gueto de Varsóvia" quando há inúmeras cidades atacadas e devastadas com as quais eles poderiam comparar em milhares de anos de impiedosas guerras? Porque eles querem machucar os judeus. Este é o objetivo. O Holocausto é mencionado para "ferir judeus", ele disse, "puni-los com seu próprio sofrimento".[35]

Desde que Jacobson diagnosticou a natureza intolerante e implacável deste ativismo anti-Israel, as coisas pioraram. O que aconteceu depois do 7 de Outubro mostrou isso claramente. Praticamente todos os fins de semana testemunhamos o desejo bárbaro de "punir os judeus com seu próprio sofrimento", como os ativistas contra Israel mostram em seus cartazes –

estrelas de David desfiguradas com a suástica nazista ou Netanyahu condenado como o novo Hitler.[36] A tendência de que esse ódio "irracional" por Israel prejudique a sociedade em si também é muito evidente. Os judeus de Londres evitaram andar no centro da cidade quando houve protestos anti-Israel. Londres se arriscou a tornar-se um local para "os judeus não irem", disse o comissário de contraextremismo do governo.[37]

As alegações inventadas sobre os supostos níveis "únicos" de barbárie cometidos por Israel rapidamente puseram a verdade para escanteio.

E o que vale a liberdade de expressão se as pessoas sentem que não podem ir para alguns lugares de suas próprias cidades com uma bandeira de Israel ou uma faixa que diz "Hamas é terrorista" por medo de ataques?[38] O dissidente iraniano Niyak Ghorbani foi cercado por uma multidão anti-Israel e foi até preso pela polícia somente por carregar uma faixa assim em Londres – uma prova do clima dogmático fabricado pelos tiranos militantes contra a única nação judaica do mundo. Jacobson tinha razão – a Israelfobia envenena tudo.[39]

As elites anti-Israel alegam ser movimentos de paz e isso nunca soou tão falso. As demonstrações em nossas ruas, os textos prolixos anti-Israel nos nossos jornais, os acampamentos pró-Palestina nos campi universitários – tudo parece impulsionado mais por sonhos de destruição do que por sonhos de paz. Mais por um desejo iminente de punir o Estado Judeu, com violência – se necessário –, do que assegurar um acordo de paz entre israelenses e palestinos.

Veja o modelo de brados, "Do rio ao mar, a Palestina será livre" – um slogan que os ativistas pegaram emprestado de islâmicos e que significa a remoção total do Estado Judeu e, consequentemente, dos judeus também, da terra entre o Rio Jordão e o Mar Mediterrâneo.[40] Ou ouça os Ivy League que odeiam Israel na Universidade de Colúmbia, em Nova York, que denunciam Israel como os "porcos do planeta".[41] E bradam: "Nós não queremos dois Estados / Queremos 48!".[42] Isto é, antes de 14 de maio de 1948, quando Israel não existia. Eles querem um mundo sem Israel. Eles querem acabar com o Estado nacional dos judeus. Como o congressista democrata Ritchie Torres disse sobre o grito que foi disparado nos bem-cuidados gramados de Colúmbia: "Voltar o relógio para 1948 significa eliminar Israel do mapa".[43]

Qual tipo de movimento pela paz sonha abertamente em destruir uma nação? Qual tipo de movimento pela paz utiliza a linguagem do imperialismo para estigmatizar um pequeno país como "estado vilão", um "estado pária", um "estado criminoso",[44] tudo para justificar um regime de sanções, e possivelmente até ação militar, contra este país? Precisamos de uma "intervenção internacional imediata" e uma "força de combate multilateral" para intervir forçosamente nas ações de israelenses e palestinos, propõe outro observador.[45] Pacifistas pelo militarismo.

Uma pesquisa americana identificou que 51% dos jovens americanos acham que Israel deve ser exterminado e a terra deve ser dada aos palestinos.[46] Uma pesquisa inglesa identificou que 54% dos ingleses entre 18 e 24 anos de idade concordavam com a afirmação: "O Estado de Israel não deve existir".[47] Somente 21% discordaram. Agora começa a fazer sentido que os membros das classes mais altas marchem ombro a ombro com radicais islâmicos bradando pela "*jihad*!", logo depois do 7 de Outubro – ambos têm pessoas que querem expurgar do mundo a nação judaica, liberar a humanidade dos "porcos do planeta".

A extrema intensidade do ódio a Israel em formadores de opinião do Ocidente precisa de uma explicação. Seu caráter irracional, alucinado e discriminatório, como Jacobson descreveu, precisa de uma análise. É completamente fora de proporção em relação ao tamanho de Israel, influência ou a qualquer coisa que o país já tenha feito. Está profundamente em desacordo com os movimentos antiguerras da história. Parece mais vingativo do que ético, mais bélico do que pacífico e mais retrógrado do que progressista. O que é isto? O que dispara tais sentimentos? O que sua animosidade e sua ameaça podem esclarecer?

Parece-me que o que aconteceu é que as elites culturais projetaram os pecados do mundo em Israel. Israel, aos olhos dessas pessoas, personifica tudo que é errado na civilização ocidental, todo crime da modernidade, toda doença do último estágio do capitalismo. Eles acusam Israel de tudo. Dizem: "É uma nação supremacista branca".[48] "É um regime colonialista", insistem.[49] Israel é culpado por *apartheid*, imperialismo e até genocídio. Arrastar Israel para a Corte Internacional de Justiça para responder às acusações de genocídio na guerra contra o Hamas empolgou a classe ativista. Isso é claramente uma nação em plena "mania genocida", bradaram os ativistas, e é uma mania que se tornou "contagiosa, se espalhando para além das fronteiras israelenses".[50] Resumidamente, Israel é o grande corruptor do planeta, o que arruína a alma dos homens, ameaçando nos afligir com todos os males da humanidade. Há algum tempo eles diziam isso sobre o povo judeu – agora falam sobre a nação judaica.

Os odiadores de Israel passaram a ver este pequenino país não somente como impedimento a um estado palestino, mas também como um impedimento à paz em todos os lugares – até mesmo à existência do planeta. "O regime colonialista de Israel" é "responsável por exacerbar as crises climáticas e ambientais... globalmente", disseram os ativistas.[51] O "capitalismo do carbono" de Israel não é somente ruim para os palestinos, mas para nós "na Europa e na Inglaterra" também, foi dito.[52] Versão resumida: a nação judaica pode simplesmente acabar com a humanidade. Talvez nós devêssemos erradicá-la como uma medida preventiva, para nos salvar e também salvar os palestinos.

Esse grupo anti-Israel está sempre insistindo que toda injustiça do mundo vem ou é moldada pela varíola global que é Israel. A Palestina é uma "questão climática" e uma "questão *queer*",[53] eles dizem. E uma "questão do capitalismo". É um elo na cadeia de uma luta muito maior contra o sistema que derrama sangue e está sempre em busca de lucro que devasta tudo no mundo", escreveu um escritor radical.[54] "A Palestina fala por todos", insiste outro esquerdista ocidental. Aparentemente, a liberação da Palestina é a *nossa* liberação: a "emancipação radical universal incorporada à causa palestina".[55] Em outras palavras, estamos todos acorrentados por Israel. Todos nós estamos definhando nas suas prisões de injustiça. Estamos todos em risco de sua influência demoníaca. Da sua mania genocida contagiosa, sua toxina ambiental, sua branquitude. Você não precisa ter um doutorado em criminologia da metade do século XX para entender o quão perigoso isto é, o quão isto é ameaçador à razão e à paz – descrever a única nação judaica no mundo como o centro de uma vasta rede global de maldade e opressão.

Importa saber que as coisas ditas sobre Israel não são verdadeiras? Parece que não. Parece não importar que Israel, na realidade, não é uma entidade colonialista, mas uma nação pós-colonial criada a partir do conflito com o Império Britânico.[56] Parece não importar que Israel não é uma nação supremacista branca, ou até mesmo uma nação branca, mas uma nação na qual uma grande parte da população judaica é negra ou que vem do Oriente Médio, e os brancos são uma minoria.[57] Parece não importar que Israel não tem nada a ver com a era do Apartheid na África do Sul, mas sim uma nação cuja população árabe tem o direito de votar, onde os partidos árabes têm assentos no Parlamento e há árabes na Suprema Corte.[58] E parece também não importar que, longe de ser um bastião psicótico do "capitalismo de carbono", cujos gases podem envenenar os palestinos e todo o mundo, Israel contribui com um miserável 0.005% das emissões globais de carbono.[59]

Não, o que importa é que Israel é o bode expiatório desses supostos crimes da humanidade. O que importa é a transformação de Israel no pecador da cultura ocidental. A designação do país como a incorporação de toda violação moral cometida pelos ocidentais brancos, racistas, islamofóbicos, transfóbicos e poluidores, que é como a classe ativista vê esta parte do mundo. O ativismo anti-Israel é uma extensão do antiocidentalismo que agora é abundante nos círculos ativistas. Os gritos de ira contra Israel são os gritos de ira contra a própria civilização ocidental. Sobrecarregando Israel com todas as interconectadas transgressões da sociedade ocidental, agora eles podem esbravejar (em um esforço que beira o religioso) a fim de eliminar não somente um pequeno país do Oriente Médio, mas também tudo que eles decidiram que Israel representa: sua própria podridão moral.

Por isso que o sentimento anti-Israel não é tão incomum. Por isso que parece uma revolta "irracional e alucinada" e "inexplicável em sua histeria". Por isso que mentiras e mitos sobre Israel são tão comuns nas bocas daqueles que odeiam o país. Porque essa ideologia não pertence ao campo da crítica política. Ou ao campo das análises geopolíticas ou dos princípios do anti-imperialismo. Não, esta é uma cruzada sagrada cujo verdadeiro objetivo é expulsar o Estado Judeu do grupo das nações, acreditando que isso também expulsará os males das nossas sociedades. É uma "retribuição", como Jacobson descreve, "na qual a esperança é cancelar todas as dívidas de culpa e tristeza".[60] É uma nova condenação de judeus – e que se atreve a se chamar de antirracismo.

NOTAS

[1] Israelophobia: The Newest Version of the Oldest Hatred and What To Do About It. Jake Wallis Simons, *Constable*, 2023.
[2] Israelophobia: The Newest Version of the Oldest Hatred and What To Do About It. Jake Wallis Simons, *Constable*, 2023.
[3] The Iraq war – by the numbers, *NBC News*, 20 de março de 2023.
[4] Human and budgetary costs do date of the US war in Afghanistan, 2011-2022, *Watson Institute*, 2022.
[5] Israel social security data reveals true picture of Oct 7 deaths, *France 24*, 15 de dezembro de 2023.
[6] Israel confirms 2 Thai nationals were killed on Oct. 7, bodies being held by Hamas, *Times of Israel*, 14 de maio de 2024.
[7] Estatuto do Hamas, 1988.
[8] Hamas official reportedly urges people to "cut off the heads of Jews", *New York Post*, 12 de maio de 2021.
[9] Why can't "intersectional feminists" condemn Hamas's misogyny? *Spiked*, 21 de novembro de 2023.
[10] Let's see the "criticism" of Israel for what it really is, *Independent*, 18 de fevereiro de 2009.
[11] The bloodletting in Gaza needs to stop, analyst says, *CNBC*, 20 de novembro de 2023.
[12] War on children continues, warns UNICEF deputy chief, *UN Palestine*, 19 de janeiro de 2024.
[13] "Israeli forces happy to kill children" jab "fell below BBC's standards", *Jerusalem Post*, 6 de setembro de 2023.
[14] Lybia rebels paint vehicles bright pink to avoid NATO attacks, *Atlantic Council*, 8 de abril de 2011.
[15] Israel Murders Aid Workers, Destroys Hospital. This Is What Genocide Looks Like., Owen Jones, *YouTube*, 2 de abril de 2024.
[16] Israel's Genocide in Gaza Is a World Historic Crime, *Nation*, 17 de abril de 2024.
[17] Israel and Hamas: "Finger-Pointing Will Get Us Nowhere", *Byline Times*, 12 de outubro de 2023.
[18] The bloodletting in Gaza needs to stop, analyst says, *CNBC*, 20 de novembro de 2023.
[19] The Hypocrites Are Crying Hypocrisy on Gaza and Ukraine, *Bloomberg*, 15 de março de 2024.
[20] Is the Flood of Graphic Imagery from Gaza Warping Our Perception of War?, *New Republic*, 5 de dezembro de 2023.
[21] The pictures coming out of Gaza are getting worse every day, *Sky*, 4 de dezembro de 2023.
[22] Israel to fight South Africa's Gaza genocide claim in court, *BBC News*, 2 de janeiro de 2024.
[23] We Will Defend Ourselves, *Tablet*, 6 de novembro de 2023.
[24] Who will shine a light on the atrocities in Gaza if all the journalists are wiped out?, *Guardian*, 29 de novembro de 2023.

[25] Israel's Genocide in Gaza Is a World Historic Crime, *Nation*, 17 de abril de 2024.
[26] Israel's war on Gaza live: "Deadliest conflict in 21ˢᵗ century", says Oxfam, *Al Jazeera*, 11 de Janeiro de 2024.
[27] Israel's Genocide in Gaza Is a World Historic Crime, *Nation*, 17 de abril de 2024.
[28] Gary Lineker insist he WON'T stop speaking out on Gaza, saying: "There's a lot of heavy lobbying on people to be quiet but I can't be silent", *Daily Mall*, 11 de maio de 2024.
[29] Ex-Tony Blair spinner Alaistair Campbell branded "sick" and "beyond help" by Tories after he questions how ill Boris Johnson really was when he caught Covid in 2020 and spent three days in intensive care, *Daily Mall*, 22 de março de 2023.
[30] How unique is the Israel-Palestine conflict?, *LSE Blogs*, 8 de novembro de 2023.
[31] Iran and Iraq remember war that cost more than a million lives, *Guardian*, 23 de setembro de 2010.
[32] Israelophobia: The Newest Version of the Oldest Hatred and What To Do About It. Jake Wallis Simons, *Constable*, 2023.
[33] Who will shine a light on the atrocities in Gaza if all the journalists are wiped out?, *Guardian*, 29 de novembro de 2023.
[34] Let's see the "criticism" of Israel for what it really is, *Independent*, 18 de fevereiro de 2009.
[35] Let's see the "criticism" of Israel for what it really is, *Independent*, 18 de fevereiro de 2009.
[36] The woke wing of Hamas, *spiked*, 19 de fevereiro de 2024.
[37] Adviser warns London a "no-go zone for Jews every weekend", *BBC News*, 8 de março de 2024.
[38] Watch: Protester holding "Hamas are Terrorists" sign arrested by police, *Telegraph*, 9 de março de 2024.
[39] Judge blocks police ban on "Hamas is Terrorist", banner protester, *Telegraph*, 13 de abril de 2024.
[40] "From the river to the sea", is a call for genocide, *spiked*, 8 de novembro de 2023.
[41] "Pigs of the earth?" Don't you dare call this anti-Zionism, *Australian*, 28 de abril de 2024.
[42] A howl of rage against civilization, *spiked*, 22 de abril de 2024.
[43] Ritchie Torres, *Instagram*, 5 de novembro de 2023.
[44] It's time to declare Israel a rogue state, *Al Jazeera*, 25 de abril de 2024.
[45] Only U.S.-Led Intervention Can Bring Peace to the Middle East, *Time*, 6 de janeiro de 2024.
[46] Majority of Americans 18-24 think Israel should "be ended and given to Hamas", *New York Post*, 16 de dezembro de 2023.
[47] Majority of young Britons think Israel should not exist, *Unherd*, 5 de junho de 2024.
[48] Settler colonialism, white supremacy and the "special relationship" between the U.S. and Israel, *Jewish Voice for Peace*, fevereiro de 2025.
[49] Settler Colonialism, *BDS*.
[50] Israel's genocidal mania is becoming contagious, *National*, 2 de fevereiro de 2024.
[51] Palestine is a climate justice issue, *Palestine Institute for Public Diplomacy*, 31 de janeiro de 2024.
[52] Why the fight for Palestine is a fight for the climate movement, *Socialist Worker*, 19 de novembro de 2023.
[53] Statement on the War on Palestine, *CLAGS*, abril de 2024.
[54] Why the fight for Palestine is a fight for the climate movement, *Socialist Worker*, 19 de novembro de 2023.
[55] Palestine speaks for everyone, *Verso*, 9 de abril de 2024.
[56] Israelophobia: The Newest Version of the Oldest Hatred and What To Do About It. Jake Wallis Simons, *Constable*, 2023.
[57] Israelophobia: The Newest Version of the Oldest Hatred and What To Do About It. Jake Wallis Simons, *Constable*, 2023.
[58] Israel is not an apartheid state, *spiked*, 26 de maio de 2021.
[59] Accelerating emission reduction in Israel: Carbon pricing vs. policy standards, *Science Direct*, janeiro de 2023.
[60] Let's see the "criticism" of Israel for what it really is, *Independent*, 18 de fevereiro de 2009.

JUDEUS
MENTIROSOS

Você se lembra do "Acredite nas mulheres"? Era o slogan *du jour* nos anos #MeToo. Em 2017, depois de dezenas de mulheres terem feito acusações de agressão sexual e estupro contra o produtor de cinema Harvey Weinstein, o "Acredite nas mulheres" tornou-se o grito de alerta dos progressistas no mundo inteiro: estava em cartazes nos protestos feministas e havia adesivos para colocar no carro "Acredite nas mulheres". Também foi propaganda de uma página no *New York Times*, paga pelo aplicativo de relacionamento *Bumble*, somente com estas palavras em um fundo amarelo. A tarefa de todas as pessoas do bem, algo que nos foi dito, era acreditar em todas as mulheres quando elas dizem que foram agredidas sexualmente.

Como as coisas mudaram. Desde 7 de Outubro, desde a campanha do Hamas de assassinar e saquear o sul de Israel, um novo slogan foi abraçado pelos círculos ativistas do Ocidente: "Acredite em *algumas* mulheres". Acredite em atrizes de Hollywood que falam sobre produtores que ficam tocando nelas. Acredite em empresárias que dizem enfrentar assédio nos conselhos das empresas. Acredite nas suas amigas mulheres. Mas e aquelas mulheres? Aquelas mulheres do Estado Judeu? Aquelas mulheres com calças manchadas de sangue, rostos machucados e corpos feridos? Fique atento. Elas podem estar mentindo.

A velocidade com que o mantra liberal "Acredite nas mulheres" colapsou logo depois do pogrom do Hamas foi extraordinária. Do dia para a noite, fomos de uma situação na qual as mulheres tinham de ser instantaneamente acreditadas, mesmo que fosse apenas a palavra dela contra a de um homem, para uma situação na qual até imagens de mulheres feridas, com corpos queimados, nuas da cintura para baixo, não eram evidência suficiente para comprovar algum tipo de violação sexual. Isto "não é o que se considera evidência conclusiva de estupro", disse Owen Jones, do *Guardian*, ao ver uma imagem de uma mulher israelense desnuda e mutilada.[1] Sim, talvez um assassino antissemita tenha tirado as roupas íntimas daquela mulher israelense pois pensou em dar de presente para a esposa em Gaza.

Assim que os relatórios sobre as agressões sexuais começaram a surgir das cinzas do pogrom, os ativistas anti-Israel colocaram as informações em dúvida. Houve uma explosão de "negação de estupros", de acordo com as palavras de Bret Stephens, do *The New York Times*.[2] Esquerdistas radicais ridicularizaram "histórias de atrocidades fabricadas".[3] O *Electronic Intifada* esbravejou contra a "propaganda israelense de estupro em massa".[4] Esta é uma "propagada da atrocidade colonial", disse outro.[5] Um professor da Universidade de Sydney disse que o Hamas cometeu "o estupro em massa" como um "simulacro".[6] O poeta palestino Mohammed el-Kurd, aclamado pelos radicais burgueses do Ocidente, destruiu as alegações dizendo que eram "histórias infundadas", criadas para "fazer as pessoas tirarem o foco dos grandes massacres que o exército israelense está cometendo em Gaza".[7]

Pior do que a negação barulhenta desses conhecidos odiadores de Israel foi o silêncio das feministas. Feministas que passaram os últimos anos denunciando homens em alto e bom som – como o conservador membro do Parlamento britânico Damian Green, por "brevemente" tocar o joelho de uma mulher, ou por apelar às mulheres para analisarem questões profundamente morais, como "quem paga pelo encontro" – não tinham nada a dizer, ao que parece, sobre o grupo de mulheres jovens, ensanguentadas nas caçambas de caminhões, levadas por misóginos armados.[8] Longe de mim dar a ideia de *mansplaining*, mas, se um toque no joelho perturbar mais do que ver o corpo de Shani Louk sendo cuspido e atacado com paus por um grupo de racistas violentos, talvez o feminismo esteja sendo praticado de maneira errada.[9]

A superficialidade e a pura escassez moral deste feminismo da moda raramente haviam sido expostas de forma tão clara. Mesmo depois da publicação dos relatórios forenses que descreviam os corpos femininos com os ossos da bacia quebrados e as roupas íntimas contendo manchas de sêmen, o movimento #MeToo continuou em silêncio.[10] "Nada foi falado pelas feministas no auge do #MeToo que jogaram os homens aos cães farejadores do então Twitter por causa de um sinal lascivo", escreveu Janice Turner no *The Times*. "Nada dos ativistas de *hashtags*, atrizes que escrevem cartas abertas, formadores de opinião, podcasters, do grupo da pobreza menstrual, das matriarcas da menopausa".[11]

Até quando informações mais claras e mais convincentes surgiram, mostrando o "tratamento cruel, desumano e degradante" para com as mulheres no sul de Israel, só houve silêncio das ativistas dos direitos das mulheres.[12] Vale ressaltar que nenhuma instituição de caridade britânica que trabalha com a questão da violência contra as mulheres condenou os crimes sexuais do Hamas – somente o Jewish Women's Aid.[13] Foram necessários 57 dias para que a ONU Mulheres mencionasse a violência do Hamas contra as mulheres.[14] Oito semanas. *Dois meses*. Enquanto o mundo via Naama Levy com sua calça manchada de sangue ser brutalmente levada para Gaza e Shani Louk ser violada por uma turba, enquanto ouvíamos relatórios e mais relatórios da misoginia predatória do Hamas e seu pogrom, lá estava a ONU Mulheres, a organização que se coloca como "a campeã global por igualdade de gênero" muda, sem dizer uma palavra. Essa foi certamente uma das maiores traições das mulheres no mundo moderno.

Alguns grupos de mulheres falaram – mais em simpatia ao Hamas do que com as mulheres que eles violaram. A presidente do centro de agressão sexual da Universidade de Alberta no Canadá assinou seu nome em uma carta aberta que criticava os políticos canadenses pela "acusação não comprovada de que palestinos eram culpados de violência sexual".[15] Esta é a parte central do manifesto: "Nós acreditamos... em todos os indivíduos que sofreram violência sexual ou baseada em gênero".[16] Mas mesmo assim a resposta para os relatórios de violência sexual dos pogromistas do Hamas foi: ceticismo, coçadas no queixo e uma expressão pública de dúvida. "Acredite em *algumas* mulheres".

O Sisters Uncut, grupo feminista radical do Reino Unido, passou os últimos anos realizando manobras diretas "protestando contra a violência masculina".[17] Mas, em resposta aos relatórios da violência masculina no 7 de Outubro, essas "irmãs" torceram o nariz e disseram: "A armamentização racista e islamofóbica da violência sexual que está se apresentando como árabe é um problema global".[18] Então, talvez, as vítimas reais sejam os coitadinhos do Hamas, que sofreram *bullying* pelos islamofóbicos do movimento pró-Israel.

Um novo critério probatório, previamente desconhecido pelos anais da história, foi imposto àqueles que disseram que houve violência sexual no dia 7 de Outubro: se não fornecer imagens que comprovem a violência, não acreditaremos em você. Depois de assistir ao documentário de 43 minutos das Forças de Defesa de Israel (IDF) – *Bearing Witness* – mostrando as imagens que o próprio Hamas fez, com câmeras GoPro, dos crimes de 7 de Outubro, Owen Jones disse: "Se houve estupro e violência sexual, não vemos na câmera".[19] Desde quando precisamos ver filmagens de um estupro, um filme, para aceitar que um estupro aconteceu? Outros também questionaram a falta de filmagens do estupro no *Bearing Witness*, e assim Hadley Freeman teve que lembrar que as IDF disseram claramente que incluíram apenas cenas que "preservassem a dignidade dos mortos".[20] A colunista da *Spectator* Bridget Phetasy disse: "Quão revoltante é vermos que o 'acredite nas mulheres' transformou-se em 'se não há filmagem dos estupros, eles não aconteceram'".[21]

Nada exemplificou melhor a traição de feministas do que a controvérsia do Garrick Club no Reino Unido em março de 2024. No mesmo mês que a ONU publicou – finalmente – o relatório com as "informações claras e convincentes" comprovando a violência sexual que ocorreu em "vários lugares" do sul de Israel no 7 de Outubro, o que as glamurosas feministas estavam fazendo? Estavam exigindo acesso ao sofisticado clube particular exclusivo para homens no centro de Londres. Estavam lutando pelos direitos de beber um vinho cabernet junto com juízes, atores e homens da realeza no Garrick. Estavam monopolizando as manchetes com suas exigências para ter acesso aos "mais altos escalões de influência da sociedade".[22] A visão das feministas ricas do Ocidente invadindo um lugar luxuoso para os privilegiados enquanto jovens israelenses eram presas a radiadores nos túneis de Gaza pareceu realmente uma distopia. Esse fato capturou a natureza obscura da sinalização de virtude, na qual formadoras de opinião presunçosas tornaram-se tão obcecadas em fazer propaganda das suas próprias credenciais éticas, que todo o resto – até o estupro racista de mulheres jovens – foi ofuscado, moralmente rebaixado e reduzido a uma notícia de uma coluna, se muito.

E o que havia no relatório da ONU de março de 2024 que reuniu pouquíssimas manchetes e menos ainda comentários nas TVs do que o cerco feminista no opulento Garrick? O relatório disse que as evidências eram "convincentes" em relação "à violência sexual que ocorreu em múltiplos lugares durante os ataques de 7 de Outubro". Em ao menos três lugares – o Festival Nova de música, o *kibutz* Re'im e na estrada 232, a via rural que foi transformada em uma "via da morte" durante o pogrom do Hamas – foram encontradas evidências para estupro e agressão sexual.[23] O relatório aponta "ao menos dois incidentes de estupro em cadáveres femininos", "corpos encontrados nus e/ou amarrados, e um caso amordaçado", e outras "claras" informações em relação ao tratamento "desumano" que as mulheres sofreram.[24] Esses fatos foram somados a outros relatórios investigativos prévios realizados pela *BBC* e pelo *New York Times* mostrando evidências "de que o Hamas submeteu mulheres a horrores antes de matá-las".[25]

E, mesmo assim, o cinismo reinou nas classes ativistas. Foram encontradas muito mais evidências em relação à violação das mulheres no 7 de Outubro. Mais do que vimos nos casos de #MeToo que se tornou a *cause célèbre* de influenciadoras nos últimos anos. Ainda assim, os virtuosos do Ocidente acreditaram nestas últimas e não acreditaram nas vítimas do 7 de Outubro. A comprovada degradação sexual das mulheres no sul de Israel provocou ceticismo e dúvida, enquanto as acusações sem provas de assédio sexual em Hollywood foram instantaneamente (e sem críticas) acreditadas pela indústria da música e pela mídia. Naquele momento, elas diziam às mulheres, "Nós reconhecemos você. Nós acreditamos em você".[26] Agora dizem: "Ah é? Então onde está a filmagem?". É o mais curioso e mais descarado dos padrões duplos. E isso não pode deixar de ser questionado.

Claro que o Hamas tratou de forma desumana as mulheres durante o pogrom. A ideia de que esse grupo terrorista antissemita exterminaria crianças judias em seus próprios quartos, jogaria granadas de mão (em abrigos antibombas com famílias inteiras dentro e pegaria uma avó de 85 anos como refém, mas colocaria um limite e não violentaria mulheres sexualmente é absurdo. É *esta* ideia que é fantasiosa. Sabemos, como Graeme Wood descreveu no *The Atlantic*, que o pogrom do Hamas foi um ato de "sadismo puro e predatório".[27] Também sabemos que o Hamas é um movimento misógino violento. Sob o domínio do grupo, as mulheres em Gaza não têm proteção legal nem à violência sexual nem à física dentro de suas famílias e são "muito discriminadas" no sistema de justiça.[28] E sabemos que a violência sexual sempre está presente nas guerras. E que sempre foi "disseminada nos conflitos ao longo da história".[29] A noção de que essa turba misógina de odiadores de judeus, que cometeu os piores atos de sadismo do mundo moderno, de repente, tenha se tornado um grupo de cavalheiros quando encontraram moças no 7 de Outubro é uma mentira delirante. Não foram os israelenses que tiveram que conscientizar o mundo sobre a violência sexual no 7 de Outubro (e que estavam comprometidos com "propaganda de guerra") – foram aqueles que levantaram esta afirmação desonesta de que o Hamas não cometeu nenhum ato desumano (de violência sexual) durante seu pogrom. Esta organização, fundada exclusivamente para matar judeus, nunca seria capaz de fazer algo tão terrível quanto estuprar um judeu? Só os radicais islâmicos acreditam que o Hamas respeita a dignidade das mulheres, mesmo que se opte em matá-las depois. Isso foi a verdadeira propaganda de guerra, e foi a propaganda que beneficiou o Hamas – moral, prática e politicamente.

Os céticos do estupro da classe ativista estavam essencialmente fazendo a aposta moral no Hamas. Eles se tornaram seus assessores que trabalhavam *pro bono*. O Hamas negou furiosamente as acusações de agressão sexual, é claro, dizendo que eram "mentiras e difamações contra os palestinos e sua resistência". E seus "companheiros de viagem e idiotas úteis do Ocidente", escreveu Bret Stephens, estavam "papagaiando o negacionismo diante de evidências poderosas amplamente investigadas de estupros generalizados".[30] Stephens também escreveu, de forma admirável, que os supostos virtuosos do Hamas mudaram o "Acreditem nas mulheres" para "Acreditem no Hamas".

De fato, foi assim que chegamos, em sete anos somente, entre o movimento #MeToo e o momento pós-pogrom – em uma situação na qual o novo slogan dos progressistas é essencialmente este (embora nunca falado em voz alta): "Acredite em fascistas". Acredite nos fascistas que executaram um pogrom no Estado Judeu e não acredite nas vítimas do pogrom. Acredite nos assassinos das mulheres, não nas mulheres. Como isso aconteceu? Como os supostos antifascistas do Ocidente acabaram fazendo a assessoria de imprensa para os fascistas? Como aqueles que acreditam nas mulheres tornaram-se os criadores de desculpas para os estupradores? Por que o movimento #MeToo não inclui as judias?

Na minha opinião, esta é uma história de desumanização. Pensar nas mulheres de um país judeu sob um outro padrão moral em relação a todas as outras mulheres do mundo é claramente um tipo de fanatismo. A imposição a essas mulheres de um ônus maior de prova, tendo que *nos mostrar* seus estupros antes de acreditarmos nelas, nos leva à eliminação de sua humanidade. A insistência de que (elas) têm de ir além do que é esperado de mulheres de outros países antes da sua versão ser aceita é descaradamente discriminatória.

Ironicamente, parece uma cruzada neocolonial, na qual uma nação estrangeira é isolada por um tratamento tendencioso, levando em conta que esta é moralmente inferior, de alguma maneira. Este povo não tem acesso a recursos – neste caso, os recursos morais do benefício da dúvida e em acreditar na história das mulheres – que outros povos têm. A descrença da classe ativista em mulheres israelenses é mais do que só uma falha dos princípios do #MeToo – é uma indicação autoritária de que a nação judaica é uma nação menor, uma nação que não inspira confiança, uma nação que mente. Traz Israel como a única nação mentirosa entre o grupo das nações.

E quem é o culpado aqui? Qual a causa desse grave tratamento diferenciado? A razão do surgimento deste *cordon sanitaire* moral cercando o Estado judaico a fim de que possamos ser protegidos não somente de sua "mania genocida" e dos gases de carbono, mas também de sua suposta tendência a mentiras?[31] É a política de identidade. É o novo regime de racialismo que se esconde por trás de uma bandeira de progressismo. É o engajamento da classe política em uma ideologia que classifica cruelmente o mundo em categorias como: "oprimido" e "opressor" e concede ou nega o valor moral de acordo com isso. O julgamento feroz das elites culturais do Ocidente em relação a Israel não é só ligado ao "opressor", mas *o* opressor é que tem este tratamento injusto e incomum. A exclusão brutal das mulheres judias do reino moral do #MeToo confirma que a política identitária ressuscitou a perseguição racial.

Não foram só as mulheres que foram desacreditadas desde o 7 de Outubro – mas a nação inteira. A negação do 7 de Outubro vai além da negação do estupro. Há mais negações em relação às enormes atrocidades.

Há negação do pogrom em si e ponto final – um questionamento, em partes da imprensa de esquerda e também nas redes sociais, de se o Hamas realmente matou e feriu tantas pessoas quanto ouvimos. Os ativistas anti-Israel disseram que é exagerado. Foi algo fabricado, alguns insistem. Israel foi quem matou a maioria das pessoas, alguns afirmam com aquele tipo de resposta brutal e furada, dizendo que aquela invasão da fronteira foi realizada por "combatentes palestinos da resistência".[32]

Essa teoria de conspiração de que Israel "matou seus próprios cidadãos no 7 de Outubro" é derivada, em grande parte, de um artigo do *Haaretz* sobre incidentes de "fogo amigo" que podem ter ocorrido naquele dia, quando as IDF foram atrás dos militantes antissemitas que estavam raptando israelenses para além fronteira.[33] O fato de que o *Haaretz* denunciou claramente estas teorias conspiratórias – acusando pessoas cruéis de usarem "a cartilha da desinformação" para alegar "falsamente que o *Haaretz* corroborou com o assassinato em massa de seu próprio povo" – não fez nenhuma diferença em relação à disseminação dessa calúnia que acusa as vítimas.[34] Como já vimos na História, teorias de conspiração são escandalosamente impermeáveis aos fatos e às análises. Assim como o povo da Idade Média acreditou que os judeus tiravam o sangue de bebês cristãos, apesar de nenhuma prova desse comportamento, as pessoas hoje ainda acreditam na "narrativa negacionista" sem evidência de que foi "Israel que matou seus próprios civis no 7 de Outubro, e não o Hamas".[35]

E o negacionismo não para. Nos Estados Unidos, um grupo radical de estudantes disse que não há prova de que as "atrocidades" sobre as quais Israel fala "realmente aconteceram".[36] O ministro do exterior palestino disse que Israel foi responsável por todas as mortes do Festival Nova e que o país "fabricou" a história de que o Hamas foi responsável a fim de "justificar (sua) guerra em Gaza".[37] E, talvez, sem nenhum tipo de surpresa, o Palestinian Center for Policy and Survey Research conduziu uma pesquisa na qual encontrou um negacionismo gigante entre os palestinos (dizendo que o Hamas "não cometeu as atrocidades contra os civis israelenses").[38]

O que é mais surpreendente sobre todo esse negacionismo é que ele se refere a uma das atrocidades mais bem documentadas na história. Como

Elizabeth Dwoskin, do *Washington Post*, observou: "Há muita evidência obtidas por câmeras dos smartphones e das GoPros da violência do Hamas na fronteira", fornecendo a todos uma "visão macabra do ataque mais mortal na história de Israel". E, mesmo assim, o negacionismo em relação ao "7 de Outubro está se espalhando". Ainda vemos o surgimento de um "espectro de mentiras e narrativas tendenciosas que minimizam a violência ou disputam sua origem".[39] "É o suficiente para você quase sentir pena do Hamas", Hadley Freeman escreveu. E ainda: "Eles filmaram o que fizeram, deixaram tudo disponível e *ainda* as pessoas se negam a acreditar. O que um terrorista precisa fazer para ter um pouco de crédito neste mundo?".[40]

Mesmo depois de um ataque de terror minuciosamente documentado, ele foi amplamente desacreditado, questionado de forma implacável e enfraquecido. E isso prova que estamos sendo confrontados por um novo e intenso irracionalismo. Ou até por uma nova forma de uma velha histeria – a crença de que os judeus mentem a fim de obter vantagem política: os judeus exageram em seus próprios sofrimentos para fortalecer seu poder e influência, os judeus são os mestres na manipulação, capazes até de tapear o mundo para que o mundo acredite que Israel foi atacado brutalmente pelo Hamas no 7 de Outubro. Dessa maneira, o negacionismo desse dia imita, de forma precisa, velhas teorias de conspiração antissemitas. Confirma que ainda há pessoas querendo "negar que os judeus são vítimas de atrocidade" e ainda mais "a noção de que judeus estão secretamente por trás de tudo", como diz Joel Finkelstein, do Network Contagion Research Institute.[41]

O negacionismo de outubro é uma forma moderna da negação do Holocausto. Testemunhamos, em tempo real, a proliferação do mesmo tipo de alucinação que nega a atrocidade e que chega muito mais rápido agora. O que levou décadas para emergir depois da libertação dos campos de extermínio – isto é, um sistema fanático de cinismo em relação aos crimes dos nazistas – começou a borbulhar dos esgotos do falatório colérico poucos dias depois do 7 de Outubro. Isso tudo foi ampliado, sem dúvida alguma, pelas redes virais da internet, a preexistente cultura da Israelfobia e a junção das extremas esquerda e direita em relação a um medo e a um ódio compartilhados que elas têm pelo Estado Judeu. A negação do crime do Hamas entrou nas mentes dos jovens em particular, de forma rápida.[42]

A ideia central do negacionismo de outubro é que Israel cria seus próprios mitos para adicionar um verniz de legitimidade na guerra com Gaza. Como Michael A. Cohen descreve, os negacionistas dizem que estão simplesmente "questionando declarações" usadas para "*justificar* uma guerra com a qual eles se opõem" (itálico do autor).[43] Este é o espírito do negacionismo do Holocausto para a nova era. Amy Elman, professora americana de Estudos Judaicos, nos lembra que "a acusação de que os judeus exageraram e armaram seu sofrimento tem sido, há muito tempo, a base para a negação do Holocausto". Ao forçar a alegação de que Israel caça histórias de horror sobre o 7 de Outubro como "parte do seu esquema nefasto para prejudicar palestinos", os negacionistas de Outubro estão sendo "absolutamente consistentes com o negacionismo do Holocausto", Elman diz.[44] Esse deve ser um grande motivo de preocupação, o fato de que testemunhamos um desconcertante retorno à horrenda teoria de conspiração do pós-guerra – que os judeus mentem sobre a sua própria vitimização a fim de manter o poder desproporcional do qual realmente desfrutam. Também é mais uma prova da crise atual do Iluminismo. Uma especulação tão sinistra, com uma amostra intencional de evidência, uma rejeição flagrante da verdade (gravada) da barbárie do 7 de Outubro, ainda toma partes da nossa sociedade.

O verdadeiro negacionismo é a negação aos judeus do *status* de vítima; a negação de que os "judeus são as vítimas desta atrocidade", como Joel Finkelstein apontou.[45] E a relutância da classe ativista, possivelmente até mesmo sua incapacidade, de ver os judeus como vítimas, sustentando tanto um completo negacionismo dos horrores do 7 de Outubro quanto uma tendência dominante de ver Israel como o ator mais maligno do Oriente Médio. Parece que mesmo quando mulheres judias são atacadas, crianças judias assassinadas e idosos judeus raptados, o título de "vítima" ainda não deve ser concedido. Nas mentes dos esquerdistas modernos e das elites culturais, de forma geral, simplesmente não se computa que os judeus possam sofrer perseguições e, por essa razão, precisam da nossas simpatia e solidariedade. Afinal de contas eles são brancos, certo? Na realidade eles são "hiperbrancos".[46] Eles usufruem do "privilégio dos brancos", como a esquerda costuma dizer, ou do "privilégio judaico", como a extrema direita diz.[47] Eles foram classificados como "opressores". E como um opressor pode ser oprimido? Então, o sofrimento dos judeus é negado, subestimado, ignorado e até desculpado, tudo para que se mantenha a ordem identitária.

É a desumanização da política identitária que selou esse destino insensível tanto à nação judaica quanto ao povo judeu no século XXI. Como Frank Furedi escreve, nos últimos anos, "os devotos da política identitária retrataram os judeus como poderosos, agressores privilegiados e, acima de tudo, opressores dos palestinos". E, como resultado disso, a identidade judaica tornou-se uma "identidade danificada", "uma identidade... para a qual faltam quaisquer qualidades morais redentoras".[48] Hoje, os judeus são menos vistos como corajosos sobreviventes do maior crime da era moderna – o Holocausto – e mais como os executores de um novo "holocausto". Menos como os sobreviventes da opressão e mais como os "beneficiários da opressão".[49] Menos como uma minoria étnica e mais como brancos – *os mais* brancos, na realidade. A judeidade é possivelmente uma "forma de quase superbranquitude", como um observador americano disse.[50]

Assim sendo, eles não sofrem. Eles não podem sofrer. Diane Abbott, do Partido Trabalhista britânico, fez uma declaração infame e grosseira: o preconceito em relação ao judeu é o mesmo tipo de preconceito que um ruivo sofre, mas não é racismo.[51] Há ainda a insistência historicamente analfabeta da atriz Whoopi Goldberg, quando disse que o Holocausto "não foi sobre raça", porque envolveu "dois grupos de pessoas brancas".[52] É isso, nazistas e judeus: brancos, todos eles. A redefinição dos judeus como hiperbrancos leva até mesmo à negação da intenção virulentamente racial da campanha nazista de extermínio, que foi expressamente um esforço de uma raça, os autodenominados "arianos", para queimar até a morte outra raça: os judeus. Há também o frequente estigma da pátria dos judeus como um projeto "supremacista branco", onde israelenses vieram para se reinventar, de acordo com as palavras de Daniel Ben-Ami, como "opressores arquicoloniais", e os palestinos como a "epítome dos oprimidos".[53]

Este é o dilema dos judeus. Antes eram vistos como insuficientemente brancos, e agora são vistos como brancos demais. Antes a sua não branquitude foi levantada contra eles mesmos, e agora esta suposta hiperbranquitude é usada para os condenar. Antes eram alvo de supremacistas brancos, agora foram classificados como supremacistas brancos e são alvos dos supostos antirracistas da classe ativista. Antes eram assassinados por sua suposta inferioridade racial, agora as elites culturais fecham os olhos quando há judeus mortos e falam do seu suposto privilégio racial. Antes seu sofrimento era minimizado porque ninguém se preocupava com os opressores, agora seu sofrimento é encoberto, silenciado ou totalmente justificado, pois quem liga para os "opressores"?

Anteriormente e também nos dias de hoje, as ideologias raciais foram uma calamidade para os judeus. Se o resultado do 7 de Outubro nos diz algo, é certamente que a imaginação racial, seja ela de variedade fascista ou de variedade religiosa, não tem lugar em uma sociedade civilizada. Nada de bom vem da classificação de grupos étnicos, a categorização de povos inteiros de acordo com "simpatizamos ou não com eles", ou "eles são problemáticos". É tempo de aposentarmos todo o pensamento racial.

NOTAS

[1] We mustn't let the left erase the truth of 7 October, *spiked*, 29 de novembro de 2023.
[2] The New Rape Denialism. *New York Times*, 5 de março de 2024.
[3] What They Did to Our Women, *London Review of Books*, 9 de maio de 2024.
[4] Debunking Israel's "mass rape" propaganda, *Electronic Intifada*, 4 de dezembro de 2023.
[5] Denialism in the Wake of the Oct. 7 Massacre, *ADL*, 19 de dezembro de 2023.
[6] University of Sydney professor tells first year students that Hamas' mass rapes on October 7 are "fake news" and a "hoax", Daily *Mail*, 30 de maio de 2024.
[7] Denialism in the Wake of the Oct. 7 Massacre, *ADL*, 19 de dezembro de 2023.
[8] Damian Green denies making sexual advances towards your Tory Activist, *Guardian*, 1º de novembro de 2017.
[9] Hundreds turn out to mourn Shani Louk at emotional funeral services, *Jewish Chronicle*, 20 de maio de 2024.
[10] Their bodies tell their stories. They're not alive to speak for themselves. *NBC*, 5 de dezembro de 2023.
[11] Why's the MeToo crowd silent on Hamas' rape? *The Times*, 1º de dezembro de 2023.
[12] The New Rape Denialism. *New York Times*, 5 de março de 2024.
[13] Blindness: October & and the left, Hadley Freeman, *Jewish Quarterly*, maio de 2024.
[14] Why did it take 57 DAYS for the UN's women's rights body to condemn Hamas' rape and murder spree? Israel's Ambassador to Britain leads backlash after group "stayed silent" nearly two months after attacks, *Daily Mail*, 3 de dezembro de 2023.

15. Canadian sexual assault centre boss sacked after signing letter denying Hamas rape cases, *Jewish Chronicle*, 19 de novembro de 2023.
16. Sexual Assault Centre, University of Alberta.
17. Don't just read up on male violence and police brutality. Go out and protest, while you still can, *Pink News*, 15 de março de 2021.
18. Aren't Palestinians women too?, Sisters Uncut, 2 de novembro de 2023.
19. Blindness: October & and the left, Hadley Freeman, *Jewish Quarterly*, maio de 2024.
20. Blindness: October & and the left, Hadley Freeman, *Jewish Quarterly*, maio de 2024.
21. Bridget Phetasy, *X*, 5 de dezembro de 2023.
22. Women tried to deliver an open letter to the Garrick Club. True to form – it LOCKED THE DOORS on them, *Canary*, 28 de março de 2024.
23. Once an artery on thriving southern region, Route 232 transformed into road of death, *Times of Israel*, 13 de outubro de 2023.
24. The New Rape Denialism. *New York Times*, 5 de março de 2024.
25. Israel Gaza: Hamas raped and mutilated women on 7 October, BBC hears, BBC News, 5 de dezembro de 2023.
26. We should believe women when they raise the red flag, *Herald*, 7 de julho de 2023.
27. A Record of Pure, Predatory Sadism, *Atlantic*, 23 de outubro de 2023.
28. Next time Sisters Uncut protest about Gaza, perhaps they could take a look at Hamas's records on women's rights, *Jewish Chronicle*, 1º de novembro de 2023.
29. The Devastating Use of Sexual Violence as a Weapon of War, *Think Global Health*, 1º de novembro de 2022.
30. The New Rape Denialism. *New York Times*, 5 de março de 2024.
31. Ver capítulo anterior.
32. Just another battle or the Palestinian war of liberation?, *Electronic Intifada*, 8 de novembro de 2023.
33. New evidence emerges of Israel killing its own civilians, *Electronic Intifada*, 22 de fevereiro de 2023.
34. How Media Outlets Like Haaretz Are Weaponized in the Fake News Wars Over Israel and Hamas, *Haaretz*, 4 de dezembro de 2023.
35. How Media Outlets Like Haaretz Are Weaponized in the Fake News Wars Over Israel and Hamas, *Haaretz*, 4 de dezembro de 2023.
36. Denialism in the Wake of the Oct. 7 Massacre, *ADL*, 19 de dezembro de 2023.
37. Denialism in the Wake of the Oct. 7 Massacre, *ADL*, 19 de dezembro de 2023.
38. Denialism in the Wake of the Oct. 7 Massacre, *ADL*, 19 de dezembro de 2023.
39. How the internet is erasing the Oct. 7 Hamas massacre, *Washington Post*, 21 de janeiro de 2024.
40. Blindness: October & and the left, Hadley Freeman, *Jewish Quarterly*, maio de 2024.
41. How the internet is erasing the Oct. 7 Hamas massacre, *Washington Post*, 21 de janeiro de 2024.
42. Only 1, in 4 British Muslims believe Hamas carried out rape and murder on October 7, according to survey, *Jewish Chronicle*, 7 de abril de 2024.
43. The Rape Denialists, *Atlantic*, 17 de abril de 2024.
44. The Rape Denialists, *Atlantic*, 17 de abril de 2024.
45. How the internet is erasing the Oct. 7 Hamas massacre, *Washington Post*, 21 de janeiro de 2024.
46. Israelophobia: The Newest Version of the Oldest Hatred and What To Do About It, Jake Wallis Simons, *Constable*, 2023.
47. Jewish Privilege is a myth, Unherd, 18 de fevereiro de 2021.
48. The woke scapegoating of the Jews, *spiked*, 12 de outubro de 2023.
49. Explaining the left's anti-Semitism denial, *Radicalism of Fools*, 6 de maio de 2024.
50. Israelophobia: The Newest Version of the Oldest Hatred and What To Do About It, Jake Wallis Simons, *Constable*, 2023.
51. The Diane Abbott row reveals the poison of woke anti-Semitism, *spiked*, 29 de maio de 2024.
52. Whoopy Goldberg suspended from *The Views* after saying Holocaust "isn't about race", *Guardian*, 2 de fevereiro de 2022.
53. Explaining the left's anti-Semitism denial, *Radicalism of Fools*, 6 de maio de 2024.

INVEJA
DO HOLOCAUSTO

Uma das coisas mais surpreendentes na sequência do 7 de Outubro foi o silêncio dos vigias do fascismo. Você conhece essas pessoas. São os liberais e de centro que veem fascismo em todos os lugares. Aqueles que pensam: tudo é "como a década de 1930". Eles votaram no Brexit e para eles tudo lembra os anos do nazismo: Donald Trump, o aumento dos partidos populistas na Europa etc. Mas, quando os islamofascistas do Hamas atacaram o Estado Judeu e exterminaram 1.000 judeus, de repente ficaram quietos. Nenhuma fala sobre nazismo. Nenhum aviso descontrolado sobre o retorno "dos dias sombrios da década de 1930". Nenhuma reclamação sobre "novos Hitlers". Parece que, para certos liberais, tudo é fascismo, menos o fascismo em si.

Essas são as pessoas que concordam com artigos do *Guardian* cujas manchetes são: "Coisas sobre o Reich", explorando supostas comparações entre Donald Trump e Adolf Hitler. São as pessoas que concordam com um porta-voz de Joe Biden que criticou Trump, pois ele estava imitando "a linguagem autoritária de Adolf Hitler". São aqueles que se permitiram um sorrisinho quando foi revelado que a equipe de Biden, a portas fechadas, refere-se a Trump como "porco de Hitler".[1] São os supostos "vigilantes" membros da respeitosa sociedade que comemoraram quando Biden descreveu o trumpismo como um "semifascismo", que ameaça a "alma do mundo livre".[2]

São os defensores da classe média europeia que ficou abalada com o Brexit, vendo tudo isso como um "retorno aos anos 1930". São os leitores que leem jornais e manchetes (com as quais concordam) dizendo que há "terríveis paralelos entre o Brexit e a moderação de Hitler". São os céticos da realeza que concordam com príncipes, quando Charles, o então príncipe de Gales, disse que o populismo tem "ecos profundamente desconcertantes com os dias sombrios dos anos 1930".[3] São os manifestantes de fim de semana que foram a eventos anti-Trump nos quais as pessoas levantavam cartazes mostrando Trump com o bigode de Hitler, e protestos anti-Brexit nos quais as pessoas davam avisos gravíssimos sobre nossa derrocada à hitlermania.

Houve um tempo em que era possível abrir um jornal ou percorrer as mídias sociais sem ver algum liberal sofrendo sobre como o populismo nos levará de volta aos campos de extermínio. O pânico do fascismo era a tendência do dia. E, então, parou. Na sequência do pogrom de 7 de Outubro – o pior extermínio de judeus desde aquele período do século XX sobre os quais as pessoas adoram falar –, o falatório sobre fascismo parou. Na realidade, as mesmas pessoas começaram a dizer que *não* devemos fazer analogias ao nazismo. Não comparar o 7 de Outubro à década de 1930. Não se comprometer com a mesma inquietação fascista que foi o ganha-pão de seus próprios comentários políticos durante anos.

Somente duas semanas depois do pogrom o *Guardian* publicou um artigo denunciando Israel por "armamentizar o Holocausto" em sua resposta ao ataque do Hamas. O jornal comentou que era um ultraje que líderes israelenses estivessem comparando o Hamas à Alemanha fascista e, assim, retratando Israel como "judeus indefesos em uma luta contra o nazismo".[4] Esse é o mesmo *Guardian* que vem citando a palavra "Holocausto" há anos.

É o mesmo jornal que publicou artigos como "Estamos vivendo uma nova década de 1930?" depois da votação do Brexit.[5] O jornal que publicou colunas dizendo que, graças ao Trump, "o mundo pode estar voltando aos anos 1930".[6] Entretanto, quando israelenses sugerem que o assassinato de 1.000 judeus por fascistas com facas, armas e lança-foguetes era algo que parecia com a década de 1930, o *Guardian* expressou desprezo.

Parece que tudo bem refletir "sobre coisas do Reich" em relação ao trumpismo e ao Brexit.[7] Mas é terrível – e até perigoso – para o Estado Judeu dizer que os assassinos de judeus que invadiram o país no 7 de Outubro lembraram toda a maldade da Alemanha nazista.[8] Será que os jornalistas do *Guardian* não acham que o Hamas tenha algo de "Reich"? Que este movimento cujo documento de fundação promete "lutar e matar todos os judeus" não seja só um pouquinho hitleriano?[9] E o pogromista que deu uma parada na sua matança no dia 7 de Outubro para telefonar para casa e se vangloriar para os próprios pais que tinha "matado 10 judeus com minhas próprias mãos?".[10] Ele seria chamado de "porco de Hitler", já que essas pessoas, sem dúvida, gostam de ouvir a equipe de Biden dizer isso sobre Trump?

Outros, de centro, que também passaram a era populista morrendo de medo da ressurreição do fascismo, ficaram acanhados depois do 7 de Outubro. Um jornalista da revista *Time* esbravejou sobre o "perigo" de "usar analogias do Holocausto agora". Estamos testemunhando a "holocaustização" da psique israelense", ele disse, "líderes israelenses estão usando traumas históricos para avançar com suas agendas".[11] Ele criticou o enviado de Israel às Nações Unidas porque este estava usando uma estrela amarela enquanto falava com o Conselho de Segurança três semanas depois do pogrom – isso não é uma "comparação histórica proporcional".

Ao mesmo tempo, a *Time* adorou a imitação de Trump feita pelo comediante Louis CK na manchete: "Este cara é Hitler?".[12] A mesma revista na qual um escritor avisou que Trump na Casa Branca representaria uma "nova era de tirania", que lembrava o "crescimento do fascismo na década de 1920 e 1930"?[13] Bom, então a psique da revista também foi "holocaustizada"? Ou é somente quando o Estado Judeu usa analogias ao fascismo que precisamos de uma análise freudiana?

A *Business Insider* também ficou ofendida quando o representante israelense exibiu sua estrela amarela na ONU, dizendo que ele "humilhou a memória do Holocausto" ao "comparar a guerra com o Hamas com a Segunda Guerra Mundial".[14] É a mesma revista que vem colocando muitos *clickbaits* sobre Trump/Hitler há anos. A mesma revista que vem dizendo que a retórica de Trump é cada vez mais parecida com a nazista.[15] A mesma revista que animou as redes sociais anti-Trump destacando que as "Trump cards", que seus apoiadores são incentivados a colocar em suas carteiras, contêm uma "águia dourada olhando para a esquerda", lembrando a águia imperial (*Reischsadler*) da era nazista (que também estava na mesma posição).[16] A mesma revista que fez um artigo comparando as táticas de falsas propagandas de Trump e as táticas nazistas.[17]

E isto "humilhou a memória do Holocausto" também? Será que essa incessante mobilização em torno do momento mais tenebroso da história humana (que tenta também atacar o homem que as elites amam odiar) e a absurda sugestão de que a imagem de uma águia em cartões de plástico poderia ser um breve aceno ao nazismo também humilham a memória histórica do Holocausto? Ou só é problemático quando a nação construída por descendentes dos sobreviventes diz algo no momento presente é que o Holocausto é lembrado?

A conversão repentina dos centristas à eliminação das referências ao nazismo foi sintetizada pela figura de Gary Lineker. Ele é o principal comentarista esportivo da BBC cujas lamentações nas mídias sociais sobre os Tories (conservadores) e o Brexit o transformaram na consciência moral dos liberais deprimidos. Ele causou um alvoroço no começo de 2023 quando disse que a então Secretária de Estado para os Assuntos Internos, Suella Braverman, usou uma linguagem "que não era diferente da linguagem usada na Alemanha nos anos 1930".[18] Braverman fez um discurso prometendo "parar os barcos" com imigrantes ilegais que frequentemente fazem a rota da França para a Inglaterra. Era uma proposta de uma política para melhor controlar a fronteira da Inglaterra, que fez com que Lineker tenha sido transportado para um tipo de cosplay fascista.

Dada a sua sensibilidade a coisas que "não são diferentes" à década de 1930, talvez se esperaria que ele teria alguma coisa a dizer alguns meses depois, ainda em 2023, quando o Hamas cometeu o pior assassinato em massa dos judeus desde a era nazista. Quando jovens judeus em um festival de música foram cercados e colocados em caminhões a fim de serem transportados para territórios inimigos. Quando as casas de judeus foram incendiadas por uma quadrilha saqueadora composta por membros de uma organização cujos líderes instigam pessoas a comprar facas baratas e "cortar a cabeça de judeus".[19] Lamentavelmente, não. O *feed* das redes de Lineker curiosamente não tinha nenhuma postagem política logo depois do pogrom. Ele participou de vários podcasts e parabenizou o Tottenham Hotspur por estar no topo da Premier League, mas aparentemente não encontrou tempo para comentar sobre essa atrocidade histórica mundial que não era "diferente" do que acontecia nos anos 1930.

Como podemos entender essa repentina mudança de não fazer analogias nazistas? Por que, durante anos, era legítimo desenterrar 1930 em qualquer conversa sobre populismo, mas agora nos dizem que é "perigoso", "humilhante" e "deturpador"[20] para Israel e seus apoiadores dizerem as palavras "Hamas" e "nazistas" na mesma frase? Por que era ok para as elites liberais usarem o espectro do Holocausto para salientar a oposição raivosa ao Brexit e a Trump, mas, quando Israel mencionou o Holocausto depois do assassinato de 1.000 pessoas do seu povo, foi uma exploração doente de seu "trauma histórico"?[21]

É tentador ver tudo isso como só hipocrisia. Somente mais um caso de uma classe política dizendo uma coisa e fazendo outra. Mas há algo acontecendo nessa contenção da esquerda de uso das analogias nazistas. Essa arrogante proibição de comparações com o Holocausto que o estado liberal realiza. Essa reprimenda ao Estado Judeu por eles ousarem falar sobre sua história judaica recente.

E, de forma mais geral, tudo isso diz respeito a uma separação tenebrosa do Holocausto com os judeus em si. Uma separação gradual da memória desse evento calamitoso das vidas dessas próprias pessoas que o viveram. O fato de as elites culturais criticarem a nação judaica por mencionar o Holocausto nas suas condenações contra o Hamas, mesmo quando elas próprias lançam analogias nazistas como confete, é fundamentalmente um chamado para a questão da propriedade moral dos judeus sobre o Holocausto. É essencialmente: "Este não é mais seu ponto de referência histórico. É nosso".

A captura gananciosa que os liberais do Ocidente fizeram do direito de uso das analogias do Holocausto arranca dolorosamente o Holocausto do seu verdadeiro contexto. É a remoção do Holocausto de sua especificidade histórica, do povo que o viveu, e sua transformação em um símbolo livre e incerto de maldade geral humana, que os privilegiados do Ocidente podem invocar para fortalecer sua angústia em relação à vida política do século XXI.

É a *desjudificação* do Holocausto: uma aflitiva tendência intelectual que está abalando profundamente as implicações da memória histórica, da verdade e da própria liberdade. A reprimenda ao Estado Judeu por mencionar o Holocausto depois do pogrom de 7 de Outubro foi rápida e severa. "Parem de armamentizar o Holocausto", gritava uma manchete no *The Hill* – em Israel, é claro.[22] Membros da classe ativista foram às ruas para repreender Israel por sua suposta exploração do Holocausto. Três semanas depois do pogrom, membros do Jewish Voice for Peace invadiram a Grand Central Station em Nova York com cartazes: "Nunca mais para qualquer pessoa".[23] A ação do movimento foi celebrada por observadores como uma tentativa de "eliminar" a ideia de que o "Holocausto pode ser utilizado" por Israel para "racionalizar e deturpar" a guerra em Gaza. Eles foram aplaudidos por tomarem uma posição contra "o uso do Holocausto de forma armamentizada".[24] Assim, os mesmos ativistas cujos partidários estavam comparando em alto e bom som a guerra de Israel com o Hamas com um genocídio *a la* Hitler, também estavam "eliminando" a habilidade de Israel de fazer qualquer comparação nazista. Eu posso fazer analogias em relação ao Holocausto, você não.

A repreensão a Israel por citar o Holocausto tornou-se global depois do controverso discurso de Jonathan Glazer na cerimônia do Oscar em março de 2024. Glazer ganhou na categoria "Melhor filme estrangeiro" por *Zona de Interesse*. O filme conta a história de Rudolf Höss, o comandante do campo de extermínio de Auschwitz, sua vida familiar idílica e a tenebrosa indiferença na sua imponente casa, localizada ao lado das máquinas de morte onde 1 milhão de judeus viraram cinzas. No seu discurso ao aceitar o prêmio, Glazer, ladeado por seus colegas judeus, disse: "Estamos aqui hoje como homens que rejeitam sua judeidade e o fato do Holocausto ter sido sequestrado por uma ocupação que levou um conflito a muitas pessoas inocentes – sejam as vítimas do 7 de Outubro em Israel, sejam as vítimas do ataque permanente em Gaza".[25]

Sequestrado. Isto é o que, aparentemente, Israel faz para justificar ocupação e guerra – o país sequestra o próprio sofrimento passado de seu povo e o transforma em um *casus belli*. O país tira a dor do seu próprio povo para guerrear contra palestinos. A ideia de castigar Israel foi muito aplaudida pelas vozes de esquerda. Que maravilhoso é ver uma figura cultural "dirigindo-se diretamente aos sionistas" que de fato "sequestraram o Holocausto para justificar ataques implacáveis a civis", disse uma publicação esquerdista.[26] Glazer está certo, declarou o *Haaretz*, "a judeidade e o Holocausto foram sequestrados pela ocupação".[27] Ele foi apoiado por mais de 150 pessoas que assinaram uma carta aberta denunciando Israel por "armamentizar a identidade judaica e a memória do Holocausto" para justificar "o genocídio que ocorre em Gaza".[28]

Howard Jacobson capturou a natureza desconcertante e sombria dessas acusações contra a nação judia. "Sequestro!", ele escreveu. "Considerem a importância desta palavra. Os judeus são tão desprezíveis que eles roubam deles mesmos os eventos mais cruéis da sua própria história para justificar o inferno que fazem com os outros". O resultado, diz ele, é a "subtração dos judeus de qualquer solidariedade que eles poderiam usufruir como vítimas da desumanização que *Zona de Interesse* descreve". Em vez disso, o Holocausto é visto como "somente um início de conversa de decepções judaicas", além de outras coisas que os judeus vão explorar para ganhos militares e políticos.[29]

O que mais se destacou depois da explosão de preocupação em relação à inviolabilidade histórica do Holocausto (pós-7 de Outubro) foi o quão novo isso se mostrou, o rompimento que isso representou se comparado com os comportamentos do passado recente. Vivemos numa época de exploração deliberada do Holocausto. O verdadeiro "sequestro" do Holocausto – para se fazer uma afirmação política ou impulsionar uma campanha de justiça social – está na moda há décadas. No mundo Ocidental, líderes políticos, as elites da mídia e ativistas da esquerda têm evocado o Holocausto para chamar a atenção das pessoas para suas causas de estimação. E, no entanto, aqueles de nós que levantam preocupações de que isso diminui o Holocausto – que comparar tudo, desde comentários céticos em relação a pessoas trans até a pecuária intensiva, com o maior crime da história –, é ameaçar roubar a singularidade desse crime – muitas vezes tiveram dificuldade em serem ouvidos.[30] E, de repente, depois que o Hamas assassinou mil judeus e o Estado judaico disse que isso lembrava o nazismo, todo mundo começou a lamentar o quão grave era esse insulto aos judeus mortos, pois o Estado estava "sequestrando" a dor deles desta maneira.

É uma pena que esse respeito à memória dos judeus assassinados pelos nazistas não estivesse presente quando o People for the Ethical Treatment of Animals (PETA) lançou sua grotesca campanha de conscientização descrevendo um jantar, com carne, como o "Holocausto em seu prato".[31]

Ou quando o PETA confeccionou cartazes com carcaças de vacas com o título "A indignação final", como se fazer bife fosse comparável ao extermínio de 6 milhões de seres humanos. Ou quando ativistas trans histericamente usam termos como "genocídio dos transgêneros" para se referir à discriminação que as pessoas trans podem enfrentar.[32] Ou quando o *New Statesman* colocou na capa "O próximo Holocausto", pressupondo que a islamofobia na Europa possa nos levar a outro *round* de exterminações no estilo nazista: "O que fizemos com judeus agora talvez faremos com os muçulmanos".[33] Ou quando o *Muslim News* no Reino Unido sugeriu que a islamofobia está "levando a um outro Holocausto".[34]

Ou, nesse sentido, quando as guerras realmente foram justificadas por meio do sequestro do Holocausto. No final dos anos 1990 e no começo dos anos 2000, as intervenções militares do Ocidente na Sérvia e no Iraque eram apresentadas como simples cruzadas contra os "novos nazistas". "Os ataques dos sérvios contra os albaneses de Kosovo evocam memórias do Holocausto", disseram.[35] Os sérvios são "NAZISTAS", estava escrito na capa dos jornais, e seus comportamentos nos lembravam "ecos perturbadores do Holocausto".[36] O então ministro da defesa alemã acusou os sérvios de um "sistemático extermínio que lembra a crueldade executada em nome da Alemanha na Segunda Guerra Mundial".[37] Tanto a Guerra do Golfo quanto a Guerra no Iraque, no começo dos anos 2000, foram, nas palavras de Russell Berman, professor de humanidades da Universidade Stanford, "guerreadas em termos de uma metáfora: Saddam como Hitler".[38] De fato, George H. W. Bush disse a respeito de Saddam: "Estamos lidando com um Hitler revisitado".[39]

Você não precisa ser um defensor do impiedoso regime sérvio da década de 1990 ou da tirania de Saddam Hussein no Iraque para sentir-se preocupado com a apropriação moral do Ocidente dos horrores do Holocausto a fim de justificar incursões militares nesses lugares. Como o sobrevivente do Holocausto Elie Wiesel disse a respeito da questão sérvia em 1999: "O Holocausto foi concebido para aniquilar até o último judeu do planeta. Alguém acredita que (Slobodan) Milošević e seus cúmplices realmente planejaram exterminar todos os bósnios, albaneses e muçulmanos do mundo?".[40]

As palavras importam. A palavra "Holocausto", em especial, importa. Ela refere-se a um evento único na história, sem paralelo por sua barbárie, sem paralelo por sua crueldade. Depreciar esta palavra ao colocar junto dela eventos que podem ter sido realmente horrorosos, mas que não são comparáveis aos campos de extermínio, deprecia o Holocausto em si. Isso o torna mundano, ordinário, uma coisa a mais para nos arrepender no nosso passado. "Somente mais uma grande merda na história da humanidade", como disse o cofundador do *Extinction Rebellion*, Roger Hallam, em uma entrevista de 2019.[41] Não há Holocausto aqui, não houve Holocausto no Iraque e não há Holocausto em Gaza. Houve somente um Holocausto.

E, mesmo assim, onde estava a ira contra o "sequestro" do Holocausto antes do 7 de Outubro? Houve um pouco desse sentimento, sim, mas nem se compara com o que vimos depois de Israel mencionar a palavra *Holocausto* na sequência do pogrom. De fato, muitos dos liberais e centristas que bufaram sobre a suposta exploração de Israel em relação ao Holocausto eram ferrenhos apoiadores das intervenções "humanitárias" dos anos 1990 e 2000, as quais foram expressamente justificadas como batalhas contra o novo nazismo; e alguém ainda pode dizer "que armamentizam o Holocausto"...

Por que essa postura diferente? Por que é bacana, no pensamento liberal, que os EUA e a Inglaterra armamentizarem o Holocausto, mas não a nação que nasceu das cinzas do Holocausto? Naomi Klein ofereceu uma pista em um ensaio para o *Guardian* no qual ela celebrou a repreensão de Glazer em relação a Israel pelo sequestro do Holocausto. Estamos entrando em uma nova era intelectual, ela escreveu, uma era na qual as pessoas estão abertamente perguntando se o Holocausto deve ser visto "exclusivamente como uma catástrofe judaica ou algo mais universal". Uma era na qual as pessoas estão exigindo um "maior reconhecimento de todos os grupos que foram alvo de extermínio" pelos nazistas. Uma era na qual as pessoas estão perguntando se o Holocausto realmente foi "uma ruptura singular na história europeia" ou "um retorno aos genocídios coloniais prévios, junto com um retorno de teorias raciais técnicas, lógicas e falsas que eles desenvolveram e instalaram".[42]

Em outras palavras, quão especial o Holocausto realmente foi? Quão *judaico* ele foi? Não seria a hora de tratarmos o Holocausto como um "horror universal", no qual todo mundo sofreu, e não simplesmente uma calamidade judaica? Klein, no seu vertiginoso conselho a fim de desmantelar velhos entendimentos do Holocausto, acessou uma das tendências mundiais mais retrógradas de nosso tempo: o descolamento dos judeus da experiência do Holocausto para que outros grupos sociais também possam reivindicar algum tipo de sofrimento no maior exemplo da história da humanidade.

Estamos vivendo em uma época de inveja do Holocausto. A supremacia da política da vitimização criou uma hostilidade palpável à ideia de que o Holocausto foi singularmente bárbaro. Em uma época na qual a vitimização concede autoridade moral, quando a maneira que você assegura tanto a simpatia social quanto os recursos estatais é alegando sofrer de "opressão estrutural", não será mais possível aos judeus uma alegação exclusiva sobre o mais grave exemplo de vitimização da história. Então, sua reivindicação ao Holocausto deve ser questionada, enfraquecida, suavizada. E as outras vítimas do assassinato nazista? E os outros genocídios? Desafiar a natureza distinta do Holocausto, até rebaixar a hierarquia da agonia humana, é a consequência inevitável e catastrófica de um culto a denúncias competitivas em que acumular mais histórias de dor é a maneira de você progredir.

Como Frank Furedi observou, na nossa época de política de vitimização, é precisamente a "autoridade moral dada aos judeus pelo Holocausto" que faz com que eles se tornassem o "foco de ressentimento entre outros grupos identitários concorrentes".[43] Esses grupos realmente têm inveja dos judeus e de suas histórias de suplício. Lembremos quando o Muslim Council of Britain (MCB/Conselho Muçulmano da

Inglaterra), boicotou o Dia do Holocausto porque era "muito fechado no sofrimento judaico". Teria que ser mais inclusivo em relação aos "recentes genocídios, tais como os de Ruanda e dos muçulmanos em Srebrenica", o Conselho insistiu.[44] Testemunhemos também o clamor dos ativistas trans para serem incluídos nos grupos que foram alvo de extermínio dos nazistas, embora, como observa um escritor, "apenas um punhado de vítimas trans" e, ainda, "a maioria dessas vítimas também era judia ou homessexual".[45] Todo mundo quer ter um pouquinho do Holocausto para si.

O resultado de tornar o Holocausto um horror "universal" para que todas as vítimas podem alegremente celebrar é que às vezes os judeus são esquecidos totalmente. Em 2008, o partido político socialista dos trabalhadores na Inglaterra entregou folhetos do lado de fora de um festival organizado pelo Partido Nacional Britânico da extrema direita. Os folhetos lembravam ao público dos horrores do Holocausto no qual "milhares de pessoas LGBT, sindicalistas e pessoas com deficiência foram assassinadas".[46] Conseguem ver o que está faltando? *Eles esqueceram os judeus.* O Partido Socialista dos Trabalhadores atribuiu a isso um erro administrativo, mas seus rivais da Alliance for Workers' Liberty destacou "tal erro ter passado despercebido pelo redator, impressor, organizadores e distribuidores, sem ninguém em nenhum momento ter percebido, é algo sobre o qual não é preciso dizer mais nada".[47]

Mas é preciso, sim. O que se pode dizer é que a reimaginação do Holocausto como uma catástrofe universal, algo que Naomi Klein e outros erroneamente julgam, para uma empreitada intelectual progressista, pode levar ao apagamento dos judeus. Pode fomentar novas e traiçoeiras formas de negacionismos do Holocausto. Não é surpresa que uma pesquisa conduzida no final de 2023 detectou que 20% dos americanos entre 18 e 29 anos de idade acreditam que o número de 6 milhões de judeus mortos pelos nazistas era mentiroso. E mais 30% disseram que não tinham certeza de que o Holocausto realmente havia acontecido.[48] Em 2007 uma pesquisa no Reino Unido descobriu que 28% dos britânicos entre 18 e 29 anos não sabia se o Holocausto tinha acontecido.[49] Alguns atribuem esse fato à baixa escolaridade. Talvez. Mas parece inquestionável que essa reformulação ideológica do Holocausto como um horror geral no qual todos foram vítimas está tornando mais difícil para as pessoas entenderem a natureza real desse ato industrializado antissemita. O ciúme da dor dos judeus é hoje o novo meio através do qual o sofrimento judaico deve ser esquecido, e até negado.

E agora temos a classe ativista nas ruas, proibindo o Estado Judeu de mencionar o Holocausto, enquanto também o acusam de ser responsável por um novo Holocausto em Gaza. É muito importante que entendamos o que está acontecendo aqui: esta é a alegria com a desgraça alheia na luta ideológica sobre o Holocausto. É o tititi de parte da sociedade política que obteve sucesso em "liberar" o Holocausto dos judeus e torná-lo propriedade moral de outros, em particular dos palestinos e de seus apoiadores ocidentais. É a exaltação de uma nova classe ascendente de supostas vítimas que triunfam na sua própria colonização do Holocausto. Quando eles condenam Israel por armamentizar o Holocausto enquanto fazem a mesma coisa, o que eles estão dizendo é: "Agora, isto é nosso. Nós o possuímos. Nós possuímos a história".

Eles estão "repreendendo os judeus com sua própria história", como Howard Jacobson observa. Estão "deserdando os judeus da piedade". É uma forma de "retribuição retrospectiva", ele diz, na qual a implicação, sempre, é de que as "ações judaicas de hoje provam que os judeus já sabiam disso".[50] Enquanto o Holocausto foi um esforço físico de eliminar os judeus da Europa, a atual utilização do sofrimento dos judeus como arma contra eles mesmos é um esforço intelectual de eliminar os judeus do Holocausto. Apagar suas relações com o extermínio judaico, a fim de que possa ser usado como um porrete contra a nação judaica no Oriente Médio para fortalecer as alegações de vitimização de não judeus das classes ativistas do Ocidente é algo possivelmente pior do que a negação do Holocausto – é o roubo do Holocausto.

A consequência moral do pogrom de 7 de Outubro lança uma luz implacável sobre a crise dos nossos valores iluministas. A objetividade, neste caso a verdade objetiva do Holocausto, é desprezada por necessidades subjetivas e desejos da classe ativista. A verdade histórica é sacrificada por ganho ideológico. A razão e a realidade são pisoteadas na pressa por grupos identitários para que o *status* de vítima se consolide. E nosso direito de lembrar o que realmente aconteceu no passado é perturbado por ideólogos que manipulam os eventos da História para que se adaptem a suas agendas políticas no presente. Tal interferência orwelliana com a verdade do Holocausto é um insulto não só às vítimas da calamidade, mas também à liberdade das pessoas hoje. "A luta do homem contra o poder é a luta da memória contra o esquecimento", Milan Kundera disse.[51] Que nossa lembrança do Holocausto seja nossa pequena rebelião contra o antissemitismo.

NOTAS

[1] Some Biden aides refer to Trump as "Hitler Pig", report says, *Independent*, 18 de abril de 2024.
[2] Biden decries Republican loyalty to Trump as "semi-fascism", *Guardian*, 26 de agosto de 2022.
[3] Prince Charles warns of return to "dark days of the 1930s" in Though For The Day message, *Telegraph*, 26 de dezembro de 2016.
[4] Israel must stop weaponizing the Holocaust, *Guardian*, 24 de outubro de 2023.
[5] Are we living through another 1930s, *Guardian*, 1º de agosto de 2016.
[6] Inspired by Trump, the world could be heading back to the 1930s, *Guardian*, 22 de junho de 2018.
[7] Are we living through another 1930s?, *Guardian*, 1º de agosto de 2016.
[8] Israel must stop weaponizing the Holocaust, *Guardian*, 24 de outubro de 2023.
[9] Estatuto do Hamas, 1988.
[10] No one can deny Hamas' aim to kill Jews – it fully admits it, *FDD*, 8 de novembro de 2023.
[11] The Real Danger of Using Holocaust Analogies Right Now, *Time*, 16 de novembro de 2023.
[12] Louis C. K. on Donald Trump: "The Guy is Hitler", *Time*, 5 de março de 2015.
[13] Donald Trump and the New Dawn of Tyranny. *Time*, 5 de março de 2016.
[14] Israeli official disgraced the memory of the Holocaust by comparing war on Hamas to WWII, memorial museum says, *Business Insider*, 31 de outubro de 2023.
[15] Trump's rhetoric is increasingly mirroring Nazi talking points, and nobody is paying attention, an expert on extremism warns, *Business Insider*, 31 de dezembro de 2023.
[16] Donald Trump wants his supporters to carry a plastic card that critics say looks remarkably similar to Nazi insignia, *Business Insider*, 7 de agosto de 2021.
[17] Donald Trump, who called mob that included neo-Nazis "very fine people" now hits CNN over comparing him to Hitler and Goebbels, *Business Insider*, 29 de junho de 2022.
[18] BBC's "speaking frankly" with Gary Lineker over tweet comparing UK asylum policy to 1930s German, *BBC News*. 8 de março de 2023.
[19] Hamas official reportedly urges people to "cut off the heads of Jews", *New York Post*, 12 de maio de 2021.
[20] Israel must stop weaponizing the Holocaust, *Guardian*, 24 de outubro de 2023.

[21] The Real Danger of Using Holocaust Analogies Right Now, *Time*, 16 de novembro de 2023.
[22] Stop weaponizing the Holocaust, *Hill*, 4 de novembro de 2023.
[23] "Not in Our Name": 400 arrested at Jewish-Led Sit-in at NYC's Grand Central Demanding Gaza Ceasefire, *Democracy Now!*, 30 de outubro de 2023.
[24] Stop weaponizing the Holocaust, *Hill*, 4 de novembro de 2023.
[25] *Zone of Interest* director Jonathan Glazer makes Gaza statement in Oscar speech, BBC News, 11 de março de 2024.
[26] Filmmaker Jonathan Glazer Speaks Out Against Israel's Hijacking of Holocaust to Justify Gaza War, *Common Dreams*, 11 de março de 2024.
[27] Jonathan Glazer Was Right: Jewishness and the Holocaust Have Been Hijacked by the Occupation, *Haaretz*, 13 de março de 2024.
[28] Joaquin Phoenix and Joel Coen sign open letter in support of Glazer's Oscar speech, *Guardian*, 5 de abril de 2024.
[29] Who dares to "hijack" the Holocaust?, *New Statesman*, 12 de março de 2024.
[30] How "Holocaust relativists" on both left and right use the greatest crime in history for political ends, *Spectator*, 21 de janeiro de 2006.
[31] Using the "Holocaust" Metaphor, Society of Professional Journalists.
[32] "Don't believe the activists' hype: There is no "trans genocide", *New York Post*, 28 de abril de 2023.
[33] Europe's Persecuted Muslims?, *Commentary*, abril de 2007.
[34] Europe's Persecuted Muslims?, *Commentary*, abril de 2007.
[35] How "Holocaust relativists" on both left and right use the greatest crime in history for political ends, *Spectator*, 21 de janeiro de 2006.
[36] How "Holocaust relativists" on both left and right use the greatest crime in history for political ends, *Spectator*, 21 de janeiro de 2006.
[37] *Degraded Capability: The Media and the Kosovo Crisis*, Philip Hammond and Edward Herman (eds), Pluto Press, 2000.
[38] *Anti-Americanism in Europe: A Cultural Problem*, Russel Berman, Hoover Institution Press, 2004.
[39] The Long Road to War, *PBS*. 2003
[40] The Question of Genocide, *Newsweek*, 11 de abril de 1999.
[41] Extinction Rebellion: Co-founder apologises for Holocaust remarks, *BBC News*, 21 de novembro de 2019.
[42] The *Zone of Interest* is about the danger of ignoring atrocities – including in Gaza, *Guardian*, 14 de março de 2024.
[43] The woke scapegoating of the Jews, *spiked*, 12 de outubro de 2023.
[44] Muslim Council ends Holocaust Memorial Day boycott, *Guardian*, 3 de dezembro de 2007.
[45] No, JK Rowling is not a Holocaust denier, *spiked*, 21 de março de 2024.
[46] Shoah leaflet refers to gays but not Jews, *Jewish Chronicle*, 22 de agosto de 2028.
[47] Has the SWP Discovered a "Jew-Free" Holocaust?, *Workers Liberty*, 19 de agosto de 2008.
[48] One in five young Americans believes the Holocaust is a myth, poll finds, *Telegraph*, 9 de dezembro de 2023.
[49] UK poll reveals striking ignorance of Holocaust, *Reuteurs*, 9 de agosto de 2007.
[50] Let's see the "criticism" of Israel for what it really is, *Independent*, 18 de fevereiro de 2009.
[51] *The Book of Laughter and Forgetting*, Milan Kundera, Faber and Faber, 1978.

A ALIANÇA
MAIS PROFANA

Imagine que um grupo fascista de outro país massacrasse centenas de pessoas e que fosse descoberto que há pessoas na Inglaterra que chamaram tais fascistas de "amigos". Imagine que logo depois desse carnaval de matança racista venha à luz o fato de que os comentaristas do Reino Unido se referiram a eles, de forma amorosa, como combatentes libertários "intransigentes e perspicazes". Imagine se descobríssemos, enquanto as vítimas do ataque ainda são contadas, que há acadêmicos no Ocidente elogiando os fascistas como "progressistas" e inclusive louvando suas credenciais democráticas. Ficaríamos chocados, certo? Gostaríamos definitivamente de saber o que deu errado em nossas sociedades quando influenciadores foram capazes de elogiar um movimento responsável por tantos horrores.

Bom, não precisamos imaginar. Tudo dito anteriormente é verdadeiro em relação ao pogrom de 7 de Outubro. Jeremy Corbyn, o ex-líder do Partido Trabalhista britânico, um homem que poderia ter sido primeiro-ministro, já se referiu ao Hamas como seus "amigos".[1] *Novara Media*, o canal de esquerda, amado pelos *millenials* radicais e bem-sucedidos da Grã-Bretanha, já publicou um perfil efusivo de Mohammed Deif, o então líder das Brigadas Al-Qassam – o braço militar do Hamas. Deif é suspeito de planejar a atrocidade do 7 de Outubro do seu esconderijo em Gaza.[2] Ele "representa um combatente libertário intransigente e perspicaz", soltou Novara em 2014. Ele goza de "grande popularidade" entre os palestinos, segundo a publicação, devido às suas "habilidades inovadoras". Deif tem implantado uma "evolução impressionante" de "resistência palestina". Depois ele implantou estas "habilidades" no maior massacre de judeus desde o Holocausto.

Foi Judith Butler, a filósofa de gênero celebrada nos Estados Unidos, que aclamou o Hamas como "progressista". Em 2006, ela falou animadamente: "O Hamas e o Hezbollah" são "movimentos sociais progressistas, de esquerda, parte da esquerda global".[3] Ou o Hamas mudou demais em 17 anos, entre os elogios efusivos de Butler e o massacre de mil judeus, ou a palavra "progressista" não significa mais o que achávamos que significava.

Foi a radical esquerdista britânica Lindsey German que se empenhou em pedir apoio à suposta democracia do Hamas. German foi a fundadora da Coalizão Stop the War, um grupo esquerdista que organizou enormes manifestações contra a Guerra do Iraque nos anos 2000. Em uma conferência da Stop the War em 2006, ela disse sobre o Hamas e o Hezbollah: "Eles querem democracia. Democracia no Oriente Médio é o Hamas, (é o) Hezbollah".[4] Podemos refletir o que há de democrático em uma invasão de um país vizinho e o assassinato, o estupro e a mutilação de seus habitantes.

Conforme os relatórios a respeito do horrível dia de 7 de Outubro começaram a chegar, foi possível ver a extensão da matança do Hamas, a absoluta crueldade de sua missão racista. E eu me peguei pensando: há pessoas na Inglaterra que apoiaram este grupo. Há pessoas aqui que encheram o grupo de elogios. Há comentaristas que elogiaram demais as habilidades e os talentos do grupo. Para mim, isso foi tão chocante quanto se eu tivesse descoberto que logo depois do 11 de Setembro havia formadores de opinião entre nós felicitando a Al-Qaeda e aplaudindo Osama bin Laden como um combatente libertário criativo e inteligente.

De onde vêm todos esses elogios ao Hamas? Da esquerda. Da ala radical do Partido Trabalhista, do movimento antiguerra e da nova esquerda "*woke*" personificada pelos socialistas experientes da *Novara Media*. Uma esquerda que se coloca antiguerra, mas que elogia o traje belicista do terror. Uma esquerda que alega ser antirracista, mas que elogia racistas caras de pau cujo próprio fundamento diz que "nossa luta contra os judeus é muito grande e muito séria".[5] Supostos fascistas e antifascistas se tornaram "amigos" de fascistas.

Esse casamento político perverso entre esquerdistas seculares e os extremistas religiosos do islamismo radical deve ser confrontado. Essa esquerda islâmica, como alguns dizem, é a mais profana das alianças. Como chegamos a esta situação na qual o líder da oposição de Vossa Majestade era amigo de pessoas que cometeriam um dos piores crimes da humanidade na nossa era moderna?

Jeremy Corbyn representa a esquerda islâmica. Há anos ele convive com extremistas ligados a movimentos de opressão. Em 2009, quando ele era um *backbencher* do Partido, referiu-se ao Hamas como "amigo". Corbyn era o anfitrião de um evento sobre o Oriente Médio no Parlamento, e para esse evento ele convidou o Hamas e o Hezbollah. "É meu prazer e minha honra" convidar "nossos" amigos do Hamas para virem aqui e falarem", disse ele. Minha honra. Essa demonstração de amor não parou por aí. Ele aclamou o Hamas como "uma organização que é dedicada ao bem do povo palestino e a trazer a paz e a justiça social a longo prazo" no Oriente Médio.[6]

Justiça social? Onde está a justiça social no tratamento do Hamas às pessoas gays? Relações homossexuais são proibidas sob o domínio implacável do Hamas em Gaza.[7] Os gays sofrem perseguição e tortura. Em 2021, o Williams Institute, da Universidade da Califórnia, realizou uma pesquisa com 175 nações e suas respectivas aceitações de pessoas gays e pessoas de gênero não conformista. Palestina, que cobre a região de Gaza e a Cisjordânia, ocupava o número 130 do ranking. Atrás do Iêmen, Arábia Saudita e a República Democrática do Congo.[8] Em 2010, um ano depois que Corbyn elogiou o Hamas por sua devoção à justiça social, o líder estrategista do movimento, Mahmoud al-Zahar, falou à Reuters: "Vocês (no Ocidente) não vivem como seres humanos. Vocês não vivem nem como animais. Vocês aceitam a homossexualidade".[9] Então, os gays estão abaixo dos animais. Corbyn era "amigo" de homofóbicos.

Onde está a "justiça social" do Hamas no tratamento às mulheres? Sob a mão de ferro do islamismo (do Hamas), as mulheres em Gaza enfrentam uma "enorme discriminação nos setores sociais e econômicos". Um estudo de alguns anos atrás detectou que a participação feminina na força de trabalho é uma das mais baixas do mundo – somente 22% das mulheres trabalham, em comparação com a média global de 50%.[10] Não há lei em Gaza que proíba a violência doméstica contra as mulheres, incluindo a violência sexual.[11] Graças aos "amigos" de Corbyn, os homens de Gaza podem fazer praticamente tudo com as mulheres entre quatro paredes.

Também há o tratamento tirânico do Hamas com seus grupos opositores. No mesmo ano que Corbyn exaltou o Hamas por seu amor à justiça social, o grupo estava torturando e matando seus críticos. Um relatório da Human Rights Watch, publicado em 2009, documentou o uso da violência do Hamas contra os membros do Fatah, um partido político que está baseado na Cisjordânia, mas com apoiadores em Gaza também. O movimento condenou a "prática generalizada do Hamas de aleijar pessoas atirando especificamente nas pernas", "sequestros e espancamentos brutais" de seus oponentes, e "execuções extrajudiciais" daqueles "acusados de colaborar com Israel".[12]

Ao elogiar equivocadamente esses extremistas com suas armas engatilhadas como "provedores de justiça social", Corbyn estava sobretudo oferecendo à tirania uma cobertura moral. Esse suposto aliado feminista, apoiador dos direitos dos gays e devoto da igualdade era amigo próximo de um movimento violentamente misógino e homofóbico, que aleija e mata seus rivais. E sua simpatia com o Hamas continuou. Em 2012, três anos depois do discurso de "amizade", Corbyn foi a uma conferência sobre questões da Palestina em Doha, no Qatar, junto com os líderes do Hamas. Estavam lá o líder principal do movimento, Khaled Mashal, e um antigo brutamontes de primeira grandeza da ala militar do Hamas, Husam Badran.[13] Este último coordenou alguns dos mais horrorosos ataques durante a Segunda Intifada, incluindo o atentado à bomba na Sbarro Pizza em Jerusalém, em 2001, que matou 15 pessoas, e também o ataque na Dolphinarium Discotheque em Tel Aviv, também em 2001, no qual 21 pessoas, a maioria de adolescentes, foram mortas.

Talvez seja difícil entender a gravidade disto. O homem que ganhou 40% dos votos na eleição geral de 2017, que quase ganhou as chaves para a Downing Street, estava socializando com assassinos de judeus apenas cinco anos antes. O Hamas foi fundado em 1987 com o objetivo de apagar o Estado Judeu. Em 2011, um ano depois que Corbyn confraternizava com o Hamas em Doha, o assistente do movimento e membro do Parlamento Palestino, Yunis Al Astal, reiterou o compromisso do movimento na erradicação dos judeus do Oriente Médio. Os palestinos, ele disse, "têm a honra de aniquilar o mal desta gangue".[14] Os trabalhadores militares do Hamas, como Husam Badran, obtiveram sucesso nesta promessa de assassinato de judeus, massacrando centenas durante a Segunda Intifada. E, mesmo assim, lá estava Corbyn em uma conferência com Badran e outros associados do movimento que odeia e mata judeus. É como se um membro conservador do parlamento se engraçasse com um exército de supremacistas brancos que tivesse assassinado centenas de negros "civis".

A "simpatia" de Corbyn com os extremistas parece infinita. Durante uma visita a Túnis em 2014, ele foi visto colocando uma coroa de flores perto dos túmulos dos terroristas do Setembro Negro – os militantes palestinos responsáveis por massacrar 11 técnicos e atletas israelenses nas Olimpíadas de Munique em 1972.[15] Em 2012, fez muitos elogios ao pregador extremista Sheikh Raed Salah, elogiando-o como um "cidadão honrado" que "representa muito bem o seu povo". Ele ofereceu ao Sheikh um "chá no terraço" do Parlamento, dizendo: "Você merece".[16] Corbyn também trabalhou para a Press TV, o canal de TV teocrático iraniano, entre 2009 e 2012. Este foi o canal banido da Inglaterra por supostamente filmar a tortura de um jornalista iraniano.[17] Talvez essa perseguição de um dissidente também tenha sido "justiça social".

Outros esquerdistas britânicos também se uniram pela causa comum dessa teocracia feudal do islamismo radical. Em 2002, na preparação para a Guerra do Iraque, a coalisão esquerdista Stop the War, que Corbyn ajudou a organizar, estabeleceu uma aliança com a Muslim Association of Britain (MAB). A Stop the War, fundada em 2001 logo após o 11 de Setembro, foi dominada pelo Partido dos Trabalhadores Socialistas e pelo Partido Comunista da Inglaterra. A entidade, posteriormente, decidiu abraçar a MAB, um grupo lobista fundado por ativistas da Irmandade Muçulmana, o movimento extremista egípcio do qual nasceu o Hamas, dentre outros.[18] Um dos diretores da MAB, Anas Atikriti, tem ligações próximas com os comandantes militares do Hamas, e só fez elogios ao grupo.[19] Um dos seus fundadores, Muhammad Sawalha, foi um líder ativo da ala militar do Hamas na Cisjordânia na década de 1980.[20] Um movimento de esquerda, supostamente dedicado a colocar fim em guerras, estava de braços dados com membros de um movimento dedicado a travar guerras, em particular com os judeus.

Foi Lindsey German, da Stop the War, que elogiou a suposta dedicação do Hamas à "democracia no Oriente Médio". Outros líderes da Stop the War foram a Beirute em 2006 para participar da conferência organizada pelo Centre for Strategic Studies, do Hezbollah – movimento com sede no Líbano –, outro grupo violentamente israelofóbico que sonha em eliminar os judeus do Oriente Médio. Hassan Nasrallah, o secretário-geral do Hezbollah, declarou seu perverso objetivo de "acabar inteiramente com esse projeto sionista cancerígeno". O porta-voz do Hezbollah, Hassan Ezzeddin, disse que quando seu "exército de Deus" finalmente conquistar o Estado Judeu, os judeus que sobreviverem "podem voltar para a Alemanha, ou seja lá qual for o lugar de onde vieram".[21]

Resumidamente, Hezbollah tem um juramento interno que prega a violenta expulsão dos judeus de Israel, já que eles são uma presença cancerígena no Oriente Médio – um objetivo explicitamente racista e genocida. E, no entanto, em 2006, vimos os supostos antirracistas do movimento britânico Stop de War participarem alegremente de uma conferência ligada ao Hezbollah. A maioria dessas pessoas eram membros do Partido dos Trabalhadores Socialistas (SWP, na sigla em inglês), um partido que luta contra as políticas de imigração "racistas" dos conservadores e que condena veementemente o falecido deputado conservador Enoch Powell e seu abominável discurso dos "rios de sangue" como exemplos terríveis da intolerância britânica. Apesar disso, eles estavam contentes em fazer amizade com os participantes de um movimento cujas ambições genocidas fazem Powell, em comparação, parecer um personagem ingênuo na política.

A esquerda islâmica associa-se com pessoas não brancas que têm visões racistas, intolerantes e certamente inaceitáveis se fossem expressas por pessoas brancas. Esta é a esquerda que curiosamente cancela ativistas de extrema direita no Reino Unido, mas está satisfeita em se misturar com a extrema direita composta de assassinos de judeus, que são o Hamas e o Hezbollah. O SWP dedica-se à política de censura na universidade – *No Platform** –, enquanto a extrema direita, ou qualquer um que não seja tão politicamente correto em relação a raça, sexo e gênero, pode ter seus direitos de fala negados. Mas estão felizes em ouvir um movimento que sonha em travar uma guerra social apocalíptica com os judeus "cancerígenos". A esquerda moderna procura banir mulheres que questionam a ideologia dos transgêneros e ex-muçulmanos

---

* N.T.: É uma forma de boicote estudantil no qual uma pessoa e/ou uma organização é proibida de falar.

que criticam sua antiga religião devido às suas atitudes sexistas e crenças retrógradas.²² Condena essas pessoas como "transfóbicos" e "islamofóbicos", respectivamente. Mas, no entanto, liga-se alegremente a movimentos que assassinam homossexuais, brutalizam mulheres, mutilam críticos e exterminam jovens judeus em baladas. Essas pessoas não são "fóbicos", aparentemente – eles são "amigos".

Este padrão duplo impressionante, este ardente desprezo por fanáticos brancos, combinado com uma atitude leniente e até simpática em relação a fanáticos não brancos (ainda piores), explana o neorracismo das políticas identitárias. Sob a ideologia do identitarismo, que a esquerda febrilmente abraçou, os brancos são "opressores" e os não brancos são os "oprimidos". E, desse modo, os brancos podem ser criticados; na realidade, eles devem ser criticados todas as vezes que derem voz a visões que a esquerda não aprova. Mas os que não são brancos nunca podem ser criticados. Mesmo quando eles estão comparando gays a animais ou judeus ao câncer ou forçando mulheres a cobrirem seus cabelos pecaminosos e rostos profanos com véus e túnicas. Levantar objeções em relação a essas crenças e práticas somente agravaria a opressão dos oprimidos, então, faz-se vista grossa. Esse nobre consentimento ao pensamento retrógrado dos islâmicos, essa aceitação silenciosa de sua homofobia, misoginia e antissemitismo é sua própria forma de fanatismo. Julgar pessoas não brancas por um padrão moral mais baixo do que a régua usada para brancos é a definição de racismo em si.

A política da "vista grossa" para os ódios reacionários do islamismo radical é um componente essencial da esquerda islâmica. Como o escritor Alexander von Sternberg diz, é impressionante como "tanta brutalidade e tanto fanatismo a esquerda ocidental está disposta a perdoar a serviço da... 'decolonização'".²³ A cegueira da esquerda em relação a esse atraso e, em algumas vezes, a total perversidade do islamismo radical, confirmam que ela prefere acertar seus golpes no "Ocidente", mais do que nos direitos iguais e na segurança cultural de mulheres, gays e judeus. A esquerda sacrificou, de forma efetiva, seus ideais mais antigos de igualdade sexual e justiça social no "altar" do seu febril antiocidentalismo, do seu obsessivo ataque ao Ocidente que se fantasia de anti-imperialismo.[24]

O requisito para esta "cegueira", às vezes, relativa ao fanatismo dos islâmicos foi especificado no *The Prophet and the Proletariat* (O Profeta e o Proletariado), panfleto de 1994, escrito por Chris Harman, então editor da *Socialist Worker*. É a coisa mais próxima que temos de um manifesto islâmico-esquerdista. Harman admite que o islamismo pode cheirar a fascismo, com sua intolerância assassina em relação a certos grupos minoritários e suas opiniões pouco esclarecidas sobre mulheres e gays. Mas, no entanto, há um lampejo de esperança no projeto islâmico, ele propõe. Esse é um movimento que se ergue contra a "dominação política do imperialismo". "Cumpriu um papel essencial na luta armada contra Israel." Tem um "sentimento de revolta", ele conclui, que em algumas ocasiões pode ser "aproveitada por propósitos progressistas".[25]

O equilíbrio de Harman entre os pontos negativos do islamismo radical e seus supostos pontos positivos deu origem à disposição de alguns momentos de ignorar completamente o fanatismo homicida islâmico por causa de seu "sentimento de revolta". Pois ele pode fornecer a inúmeros esquerdistas no Ocidente uma fugaz adrenalina moral. Por que ficar obcecado por fascistas islâmicos quando esse movimento exótico e rude pode potencialmente fazer com que os militantes de sofá se sintam vivos pelo menos uma vez? Por que se preocupar com o ódio islâmico em relação a judeus, mulheres e gays, já que os islâmicos também odeiam a "dominação política do imperialismo" como nós já odiamos?

Foi a confusão histórica da esquerda na década de 1990, sua desorientação moral e política, que a levou às armas pseudorrevolucionárias dos violentos islâmicos. Ainda machucada pela classe política no seu país, e pelo colapso do comunismo no mundo, a esquerda estava procurando novos eleitorados, novas cruzadas, para ter algum propósito.

E a esquerda achou o seu propósito na violência apocalíptica do islamismo radical, uma coisa que parecia real, forte, como uma ameaça genuína à "dominação política do imperialismo".[26] O fato de que os islâmicos tinham seus próprios sonhos de dominação, sejam eles a violenta remoção dos judeus de sua pátria ou o assassinato de judeus no Ocidente laico, era algo não material. Tudo que importava era que os islâmicos pareciam adicionar o peso de uma força física, um drama violento, ao próprio antiocidentalismo da esquerda. Eles deram uma injeção de "revolta" aos esquerdistas que estavam desesperados por um entusiasmo na era pós-Guerra Fria. Os islâmicos tornaram-se o novo "sujeito revolucionário" da esquerda. Era um oportunismo suicida.

Ao longo do tempo, até o próprio reconhecimento de Chris Harman em relação à ideia fascista do islamismo radical foi perdido. Sua proposta de uma aliança cuidadosa e ocasional entre a esquerda e o islamismo foi substituída por uma total alternância entre esses movimentos doentes. Prontamente, Corbyn estava chamando os assassinos de judeus do Hamas e do Hezbollah de "seus amigos". Prontamente, os velhos camaradas do SWP estavam voando para o Líbano para confraternizar com um movimento que tinha prometido levar o câncer judaico de Israel "de volta para a Alemanha".

Prontamente, havia manifestações "antiguerra" na Trafalgar Square, com oradores islâmicos gritando para uma multidão de esquerdistas radicais e muçulmanos radicais que "se eles negam a sua vida, exploda seus rostos. Haverá a *jihad, jihad, jihad!*". Prontamente havia os protestos Stop the War com cartazes: "Nós agora somos todos Hezbollah".[27] Prontamente, esquerdistas radicais estavam aplaudindo a "insurgência no Iraque", um movimento sombrio de extremistas sunni e membros da Al-Qaeda que estava comprometido com guerras sectárias, colocando bombas em mercados e explodindo grupos de crianças.[28]

Prontamente, oradores islâmicos estavam recebendo a "permissão de conduzir orações e invocar Allah" no palco de manifestações contra as guerras.[29] Prontamente, a coalização Stop the War estava até permitindo a separação dos sexos em alguns de seus encontros, para não ofender novos aliados islâmicos.[30] E quando a Stop the War foi pressionada sobre isso, questionada por seus críticos sobre essa covarde submissão a uma exigência islâmica, um de seus líderes descreveu os direitos das mulheres e dos homens como "xibolete" que não deveria "atrapalhar a união dos grupos muçulmanos" contra o imperialismo. Quão rápido os direitos de metade da população e de grupos históricos oprimidos tornaram-se "obsoletos" e "não mais importantes" – para explanar o significado de "xibolete" – quando alianças com extremistas são feitas.[31]

E prontamente os esquerdistas estavam aplaudindo a incursão do Hamas. "Regozije-se enquanto a resistência palestina humilha o Estado racista de Israel", era a manchete do *Socialist Worker* depois do pogrom de 7 de Outubro.[32] *Regozije-se*. Isto foi publicado em 9 de outubro de 2023, quando o mundo sabia o que o Hamas tinha feito. Quando já sabíamos da carnificina contra os civis. E prontamente havia pessoas nas manifestações pró-Palestina com imagens homenageando os fascistas que usavam paragliders para invadir Israel no 7 de Outubro a fim de assassinar mulheres e crianças judias.[33] Prontamente, eles estavam clamando a favor do *houthis*, o movimento iemenita cujo slogan é "Uma maldição sobre Israel" e "Morte a Israel".[34] Prontamente alunos nos Estados Unidos estavam ouvindo que "não há problema algum em ser um combatente do Hamas".[35] Prontamente, agitadores esquerdistas estavam sonhando em eliminar os "porcos da Terra" do Oriente Médio e voltar para "1948" – 1948, quando o Estado de Israel ainda não existia.

Agora eles são realmente "todos Hezbollah". Eles realmente compartilham do sonho do Hezbollah de "acabar com todo o projeto sionista cancerígeno".[36] "Islamoesquerda" é uma palavra controversa, pois grande parte da esquerda agora acreditam nisso tudo. A visão, logo após o 7 de Outubro, de educados liberais marchando junto com esquerdistas pró-*houthis* e islâmicos radicais exigindo mais *jihad* (isto é, mais pogroms) contra a nação judaica foi uma confirmação concreta da aliança suicida do islamismo com a esquerda e que isso é algo agora totalmente dominante. Um desejo por uma guerra santa contra Israel e tudo o que esse país representar – ideais ocidentais, confiança pós-colonial, orgulho judaico – é o que une tanto o extremismo islâmico e a esquerda fluida em seus gêneros neste século estranho e instável.

A aliança islamoesquerdista começou com a esquerda só levantando o nariz e acabou com a esquerda alegremente respirando o ar da ideologia islâmica. Começou com Harman lembrando os esquerdistas que alguns islâmicos são fascistas, mas acabou com esquerdistas glorificando suas amizades com esses fascistas e com as ideias desses fascistas e até com a violência desses fascistas. Começou com uma busca triste e patética por um "sentimento de revolta" na era pós-comunista, mas acabou com demonstrações públicas de celebração da "revolta" do Hamas contra os judeus. É uma narrativa conhecidíssima: faça um pacto com o diabo e o diabo sempre vai ganhar. Uma esquerda que pensou que poderia fazer somente uma aliança ocasional com o fascismo agora encontra-se a serviço do fascismo, fazendo o que o Hamas e o Hezbollah propõem, de forma obediente, nas ruas de nossas cidades.

O que melhor ilustra a absorção da esquerda do universo moral do islamismo é o fato de que a esquerda não permite nenhuma crítica ao islamismo agora. Quando essa união mortal surgiu na década de 1990, havia inicialmente alguma discussão, pelo menos, sobre a sabedoria de um movimento ocidental que descendeu do Iluminismo e tem causas comuns com os jihadistas odiadores da modernidade do islamismo radical. A discussão acabou. Na realidade é impossível fazê-la. Você corre riscos quando levanta preocupações relativas ao extremismo islâmico.[37] Você pode ser assediado, interpelado e agredido, como a ex-muçulmana Maryam Namazie foi quando criticou a teocracia islâmica em um discurso em uma universidade de Londres.[38] Mesmo se você se referir ao ataque do Hamas de 7 de Outubro como antissemita, misógino e diabólico, você pode ser acusado do pecado mais sagrado nos círculos esquerdistas: ser chamado de islamofóbico.

Então, as feministas radicais do Sisters Uncut dizem que é "islamofóbico e racista" falar que o Hamas cometeu atos de violência sexual no 7 de Outubro. Isso, aparentemente, é descrever um ataque sexual como "árabe, e é um problema global".[39] Um observador esquerdista descreve como "gatilho" ouvir pessoas dizendo que o "único propósito do Hamas é matar judeus" – aparentemente isso alimenta as "tropas islamofóbicas" com um "conflito de civilizações" e um "eixo do mal".[40] O ato de condenar o Hamas pode te colocar na lista maldita. Seth Mandel no

Commentary escreveu sobre a "insana lista maldita literária antijudaica", na qual muitos escritores tornaram-se moralmente preconceituosos só porque foram contra o pogrom do Hamas. Um escritor estava na lista porque "lamentou a perda de vidas no 7 de Outubro e ignorou a história e a realidade do Estado genocida, colonizador e de *apartheid* que é Israel".[41] Lamentar a perda de vidas judaicas por meio de facas e armas de assassinos antissemitas – em quanto tempo isso se torna uma ofensa cancelável sob o pretexto de islamo-esquerdismo?

Foi a virada da esquerda contra os princípios do Iluminismo que a tornou tão mortalmente suscetível ao "charme" do islamismo radical. Substituir políticas de classes por políticas identitárias, seu antigo anticapitalismo por um antiocidentalismo míope e seu singular compromisso com os ideais da civilização com uma agonia pesada contra os "pecados" da civilização fizeram com que a esquerda estivesse agora mais próxima destes outros odiadores do Ocidente: islâmicos.

Como Jürgen Habermas discutiu, muito do que se passa por pensamento político na era moderna é realmente um "contra-Iluminismo" trajado de "pós-Iluminismo".[42] E, realmente, foi a queda da esquerda para as cavernas sombrias do contra-Iluminismo, para uma nova pós-classe, políticas pós-racionais de identidade e divisão, que a levou às portas do anti-humanismo radical islâmico. Como o antigo diplomata britânico Sir John Jenkins colocou, "não importa o que os divida", "o islamismo e a suposta esquerda progressista e pós-moderna", eles têm algo importante em comum – um desejo ardente e, às vezes, violento, de "se revoltar contra a modernidade".[43]

Os ecos do 7 de Outubro confirmaram a gravidade da ascensão da irracionalidade. A visão de liberais e esquerdistas marchando juntamente com os apoiadores do Hamas e islâmicos que sonham em cometer mais violência contra o Estado Judeu horrorizou nossos cidadãos judeus, e deve também nos horrorizar – nós, que acreditamos em igualdade e liberdade. Uma restauração dos valores iluministas é urgentemente necessária. O fascismo, seja qual for a sua origem, deve ser sempre combatido com força.

NOTAS

[1] Labour's Jeremy Corbyn: Why I called Hamas our friends, *Jewish Chronicle*, 14 de julho de 2015.
[2] Radical Lives: Mohammed Deif, *Novara Media*, 27 de outubro de 2014.
[3] Parting Ways: Jewishness and the Critique of Zionism, *Fathom*, primavera, 2023.
[4] High on rhetoric, low on solutions, *Weekly Worker*, 19 de julho de 2006.
[5] Estatuto do Hamas, 1988.
[6] Does the Tory attack ad take Corbyn's remarks out of context? *Guardian*, 2 de junho de 2017.
[7] Conselho Imigratório do Canadá.
[8] "Queers for Palestine" must have a death wish, *Telegraph*, 9 de novembro de 2023.
[9] Don't preach to us, Hamas tells secular West, *Reuters*, 28 de outubro de 2010.
[10] The Status of Women in Gaza, *IDF*, 25 de janeiro de 2018.
[11] Blindness: October 7 and the left, Hadley Freeman, *Jewish Quarterly*, maio de 2024.
[12] Under Cover of War, *Humans Rights Watch*, 20 de abril de 2009.
[13] Labour head Corbyn sat on panel alongside Hamas terror leaders in 2012, *Times of Israel*, 20 de agosto de 2018.
[14] Progressive Anti-Semitism and the Lessons of History, *CST*, 17 de maio de 2011.
[15] Jeremy Corbyn wreath row explained, *BBC News*, 15 de agosto de 2019.
[16] Jeremy Corbyn caught on video calling Muslim hate preacher "honoured citizen" and inviting him to "tea on the terrace" at the House of Commons, *Daily Mail*, 15 de agosto de 2015.
[17] Jeremy Corbyn was paid by an Iranian state TV station that was complicit in the forced confession of a tortured journalist, *Business Insider*, 2 de julho de 2016.
[18] Briefing on the Muslim Association of Britain, *Workers' Liberty*, 22 de agosto de 2006.
[19] Former Hamas chief "behind pro-Palestine Armistice Day protests", *Telegraph*, 6 de novembro de 2023.
[20] Former Hamas chief "behind pro-Palestine Armistice Day protests", *Telegraph*, 6 de novembro de 2023.
[21] In the Party of God, *New Yorker*, 6 de outubro de 2002.
[22] Professors bullied into silence as students cry transphobia, *The Times*, 17 de agosto de 2019.
[23] The Postcolonial Left's Blindness to Islamic Homophobia, *Quillette*, 15 de novembro de 2023.
[24] The Postcolonial Left's Blindness to Islamic Homophobia, *Quillette*, 15 de novembro de 2023.
[25] The Prophet and the Proletariat, Chris Haman, *International Socialism Journal*, outono, 1994.
[26] The Prophet and the Proletariat, Chris Haman, *International Socialism Journal*, outono, 1994.
[27] Islamism and the Left, *Policy Exchange*, 23 de julho de 2021.
[28] An Expedient Alliance? The Muslim Right and the Anglo-American Left, *Dissent*, fevereiro de 2013.
[29] Hammer and Crescent, *New Humanist*, 31 de maio de 2007.
[30] Hammer and Crescent, *New Humanist*, 31 de maio de 2007.
[31] An Expedient Alliance? The Muslim Right and the Anglo-American Left, *Dissent*, fevereiro de 2013.
[32] Rejoice as Palestinian resistance humiliates racist Israel, *Socialist Worker*, 9 de outubro de 2023.
[33] Three women convicted of displaying paraglider stickers at London protest, *CPS*, 13 de fevereiro de 2024.
[34] Palestine protesters chain in support of Houthi rebels, *Jewish Chronicle*, 14 de janeiro de 2024.
[35] Pro-terror radical launcher 2-hour anti-Israel tirade at Columbia University event weeks before protests exploded: "Nothing wrong with being a Hamas fighter", *New York Post*, 24 de abril de 2024.
[36] In the Party of God, *New Yorker*, 6 de outubro de 2002.
[37] Anti-racism campaign "stopped from speaking at NUS event" over "Islamophobia" claims, *Guardian*, 18 de fevereiro de 2016.
[38] Muslim students try to disrupt ex-Muslim Maryam Namazie's talk on blasphemy at Goldsmiths University, *National Secular Society*, 3 de dezembro de 2015.
[39] Aren't Palestinians women too?, *Sisters Uncut*, 2 de novembro de 2023.
[40] Stop weaponizing the Holocaust, *Hill*, 4 de novembro de 2023.
[41] The Insane Anti-Jewish Literary Blacklist, *Commentary*, 10 de maio de 2024.
[42] Islamism and the Left, *Policy Exchange*, 23 de julho de 2021.
[43] Islamism and the Left, *Policy Exchange*, 23 de julho de 2021.

O CULTO DO *KEFFIYEH*

O que aconteceu com o pecado da apropriação cultural? Essa ideologia de censura estava à solta nos *campi* universitários durante anos. A ideia era de que nenhum membro de nenhum grupo majoritário poderia se apropriar de hábitos culturais de um grupo minoritário. Aparentemente, é ofensivo. É roubo racial. É uma paródia disfarçada de autenticidade. Homens brancos usando cabelos com dreadlocks, mulheres de kimonos, até homens gays usando gírias dos negros ou dançando certos tipos de dança – tudo isso era condenado como "roubo", a cooptação da cultura dos oprimidos pelos opressores.[1] No entanto, vá a qualquer universidade no Ocidente e em qualquer canto você verá pessoas brancas vestidas de árabes.

O *keffiyeh* está na moda. Você não é ninguém a menos que tenha um desses lenços pretos e brancos que são amplamente usados nos territórios palestinos. Alunos radicais, celebridades, pais que leem o *Guardian* e tomam um *macchiato* – em todos os lugares há alguém com um *keffiyeh* pendurado no ombro. Tornou-se o uniforme dos politicamente iluminados, o "*must-have*" dos preocupados com a sociedade. Eles estão "por toda a Europa", um autor escreveu; toda vez que houver uma demonstração "pró-Palestina" você será confrontado por um mar desta vestimenta.[2] Até mesmo os super-ricos estão entrando nessa moda – Balenciaga fez um *keffiyeh* de luxo que custava 23 mil reais.[3] Mas, afinal, você não pode precificar a sinalização de virtude.

Isso é apropriação cultural? Se o fato de Beyoncé usando um *sari* e de Kim Kardashian fazendo tranças no cabelo podem provocar uma onda de críticas furiosas por parte dos justiceiros sociais (e isso já aconteceu)[4] – por que não seria também para os ocidentais usando lenços originalmente de tribos beduínas da península árabe?[5] Se um aluno que coloca um *sombrero* mexicano pode ser estigmatizado como um "culturalmente indiferente", então por que não aquele que se enrola com um lenço palestino?[6] De acordo com Julie Burchill, "em uma época na qual colocar um *sombrero* por 60 segundos durante uma noite, na qual se bebe muito em um bar de tacos, pode ser considerado uma prova de maldade de conquistadores – por que estes mesmos alunos ficam pavoneando com os *keffiyehs*?".[7]

Os que se vestem com *keffiyehs* dirão que é sobre solidariedade, não roubo. Estão mostrando apoio a uma causa política, não roubando da cultura palestina. A razão pela qual o lenço "é usado por não palestinos ao redor do mundo" é "um sinal de solidariedade e de ser um aliado", insiste o *Salon*.[8] Mas desde quando a solidariedade envolve vestimentas chiques? Os alunos da década de 1960 que protestaram conta a Guerra do Vietnã não usavam os chapéus cônicos de bambu, imitando os camponeses vietnamitas que sofriam com o calor das bombas americanas e o napalm. Os apoiadores ocidentais do movimento Quit India não eram conhecidos por usarem os *dothis* ao estilo de Mahatma Gandhi. A solidariedade era expressa com palavras e ações, não imitações de estilo.

Não, há algo a mais acontecendo com o culto do *keffiyeh*, algo que está fora do âmbito tradicional da solidariedade e da conscientização. O fato de um item do vestuário tornar-se tão onipresente entre os virtuosos, o fato de a classe ativista cobiçar tanto esse lenço a ponto de ter havido até um aumento na produção dos *keffiyehs*,[9] aponta para a característica performática do ativismo pró-Palestina. Tornou-se *de rigueur* em certos círculos desrespeitar todas as normas da apropriação cultural e usar esse "atraente acessório do Ocidente" – como o *Guardian* o chama. Isso sugere que a classe ativista está disposta a dizer algo sobre si mesma e sobre sua própria retidão, assim como sobre o dilema do povo palestino. O fato de que tantos progressistas raramente saem de casa sem se cobrir com o *keffiyeh* confirma o quanto a questão palestina está presente nas personalidades desses formadores de opinião, em seu senso de identidade, em seu próprio status social.

O culto do *keffiyeh* é a prova que a Palestina se tornou, de acordo com Jake Wallis Simons, o grande "significante social" de um mundo ocidental radicalmente chique. Ter dó da Palestina e por extensão, odiar Israel, tornou-se "uma parte essencial de um conjunto de pontos de vista defendidos pelos progressistas que definem o rumo de boa parcela de nossa cultura", ele disse.[10] Tornou-se a "crença de luxo" *du jour*, o quanto a pessoa vale socialmente. Isso vai além da "apropriação cultural" – é a apropriação moral, em massa, de um povo inteiro e sua condição de acordo com interesses políticos da alta sociedade que propagandeia suas virtudes.

O movimento "*keffiyeh* chique" já estava tentando aparecer há algum tempo. Para os palestinos, o lenço é um símbolo de resistência desde a década de 1930, quando as *fedayeen* (guerrilhas) palestinas começaram a atacar comandantes britânicos, no que foi chamado de Mandato Britânico da Palestina. Os combatentes usaram o *keffiyeh* para apagar quaisquer "marcadores de identidade" entre eles, de acordo com a historiadora cultural Jane Tynan: "seja você burguês ou camponês, aquele que optou por pegar em armas contra os britânicos, usava o *keffiyeh*, tornando todo mundo igual".[11] O *keffiyeh* explodiu no mundo na década de 1960, com a fundação da Organização para a Libertação da Palestina por Yasser Arafat e outros. Arafat raramente era visto sem o *keffiyeh*, que usava na cabeça caindo até os ombros.

Uma foto de 1969 da terrorista palestina Leila Khaled usando um *keffiyeh* e segurando uma AK47 foi uma das coisas que garantiram a fama – ou infâmia – desse item de vestimenta do deserto. Khaled foi a primeira mulher a sequestrar um avião, o voo da TWA 840, de Roma a Tel Aviv, sequestro que ela organizou junto com seus companheiros militantes da Frente Popular para a Libertação da Palestina. Imagens dessa moça de 25 anos usando um *keffiyeh* sobre os cabelos foram difundidas pelo mundo, "catapultando o lenço para o cidadão ocidental", disse Niloufar Haidari.[12] A primeira moda do *keffiyeh* começou ali. Radicais ocidentais usavam a peça como prova de sua inquietação. Houve debates nervosos sobre o "terrorista chique" e a preocupante possibilidade de que alguns jovens achassem que o "terrorismo é bacana".[13]

Décadas mais tarde, o *keffiyeh* tornou-se uma declaração de moda que significaria uma angústia geral, um sentimento anárquico moderado, mas raramente com muitas ligações com a Palestina. A descrição midiática de um intruso expulso de um bar, cujo proprietário era Gordon Ramsay, resumiu o tipo de pessoa que vestia a peça – ele estava "com um *bucket hat* na cabeça, com o rosto coberto com um *keffiyeh* e carregando um skate".[14] Praticamente toda barraca do Camden Market vendia as peças. Ela realmente virou uma "peça da estética de resistência", nas palavras do professor de mídia Robert G. White.[15] Logo estava nas passarelas. Tivemos o "glamour do camponês", o "estilo boho" – agora contemplem o "combate urbano com um toque do Oriente Médio", escreveu o crítico da moda Charlie Porter em 2001, quando o *keffiyeh* tornou-se, novamente, um item *must-have*. O designer belga de moda Raf Simmons colocou modelos homens na passarela usando *keffiyes* com "calças jeans *drainpipes* e casacos volumosos de exército" – um "símbolo incendiário", a imprensa da moda exclamou.[16]

A peça foi usada em desfiles de Galliano, Balenciaga e Louis Vuitton. David Beckham, Colin Farrell e Mary-Kate Olsen usaram também. A loja Urban Outfitters fez um estoque de *keffiyehs* (mas depois retirou devido a reclamações).[17] Até Carrie Bradshaw em *Sex and the City* usou certa vez um top feito com um *keffiyeh*.[18] De um acessório de cabelo usado por mulheres sequestradoras a uma peça *statement* da cultura ocidental (usada por Carrie) – esta foi a curiosa jornada dessa peça básica dos beduínos.

E agora o *keffiyeh* está de volta. Desde o pogrom do Hamas de 7 de Outubro, o "combate urbano com um toque de Oriente Médio" tornou-se o look dos looks socialmente mais "conscientes". Você declara seus pronomes, você coloca o joelho no chão em uma atitude antirracista e você usa o *keffiyeh*. Aparentemente, não é só moda, é política. Não é só estilo, é solidariedade. Não é somente um símbolo "incendiário" – é uma afirmação ardente das profundas convicções que uma pessoa tem em relação a Israel/Palestina. E certamente não é apropriação cultural. Como a CNN explicou de forma defensiva: "Os não palestinos devem ter cuidado quando usam o *keffiyeh* no estilo tradicional, aqueles que os beduínos usam, e devem sempre 'pesquisar sobre a vestimenta' antes de usá-la", mas, geralmente, colocar um *keffiyeh* pode ser um "grande show de solidariedade".[19]

A hipocrisia é algo importante aqui. Essa é a mesma CNN que jogou pesado na questão do pânico da apropriação cultural. A empresa que publicou textos com as seguintes manchetes: "Caros brancos com *dreadlocks*: algumas coisas a considerar" e "Caros homens gays: parem de roubar a cultura feminina negra".[20] É a mesma CNN cujos articulistas ficaram raivosos com o "*blackfishing*", que é aparentemente quando "artistas brancos" parecem "imitar a aparência de pessoas negras".[21] É a mesma CNN que severamente lembrou às pessoas americanas de bem que apropriação cultural é "quando as pessoas com poder e privilégio pegam costumes e tradições dos povos oprimidos marginalizados para usá-los com um novo propósito – de transformar esses costumes e tradições na última moda".[22]

Essa talvez tenha sido a melhor descrição do modismo do *keffiyeh*: pessoas com privilégios (radicais Ivy League, elites de laptop e socialistas que tomam *caffè latte*) adotando hábitos de pessoas estrangeiras (os beduínos e os palestinos) e os transformando em "a última moda" – como o *Guardian* disse, o *keffiyeh* realmente foi "consolidado... como um item da moda".[23]

Para muitos de nós, "apropriação cultural" foi sempre uma ideia intolerante e esquisita. Era o policiamento da elite em relação às escolhas culturais e de vestuário de determinadas pessoas. Na pior situação, um perigoso divisor de raças, com suas instruções intimidadoras para que todos fiquem na sua "faixa racial" e nunca explorem as modas e as ideias de grupos étnicos supostamente menos privilegiados que os seus próprios. Mas, mesmo assim, é impressionante que nobres missivas dos estabelecimentos liberais como "Caros brancos" tenham desaparecido completamente em relação à moda do *keffiyeh*. Como Michael Deacon, do *The Telegraph*, disse: seria bom se os mestres do comportamento culturalmente correto pudessem nos dizer quando "decidem fazer mudanças abruptas às regras que eles mesmos impuseram à sociedade". Neste caso, poderiam ter dito "ATENÇÃO, TODOS OS CIDADÃOS: a apropriação cultural não é mais uma ofensa abominável contra minorias oprimidas e marginalizadas. Em vez disso, agora é considerada uma expressão nobre de solidariedade com as minorias. Por favor, atualizem seus registros de acordo".[24]

Foi, certamente, um cálculo do *establishment* cultural. Foi decidido que no caso do *keffiyeh*, mais pontos no *status* podem ser acumulados se você usar a peça do que policiar seu uso. A posição moral de uma pessoa é fortalecida e até melhorada ao vestir essa vestimenta de "povo oprimido" do que reprovar sua apropriação cultural. O fato de aqueles que usam *keffiyeh* terem escapado inteiramente da culpa de apropriação cultural confirma o quão útil é a peça para a classe ativista, quão central ela tornou-se em relação às mostras diárias de retidão. Vivemos em uma era insana na qual mulheres podem ser repreendidas por usarem brinco de argola, homens por falar "*Yass*",* e universidades traçando diretrizes sobre o que é "apropriado" usar

---

* N.T.: Yass – uma forma de dizer "sim" (de "yes") originalmente usada pela comunidade LGBTQIAPN+ como uma exclamação, uma expressão de alegria, solidariedade, animação.

no Halloween, mas em que, por outro lado, exércitos de burgueses usando um lenço beduíno na cabeça têm passe livre. Isso tudo é uma declaração à natureza santa do *keffiyeh* em círculos virtuosos.[25]

E qual é a sua utilidade? Qual papel sagrado essa peça tem na vida das elites? Seu papel principal é um significante de virtude. É um item *fashion* que demonstra retidão ética. Passa a mensagem, aos seus companheiros no universo das crenças de luxo, que você também desconsidera Israel e tem compaixão pela Palestina – algo absolutamente necessário para se obter acesso ao *establishment* cultural do século XXI. Usar o *keffiyeh* em público ou postar fotos coberto com um nas redes sociais é, fundamentalmente, uma afirmação da sua aptidão moral em relação à alta sociedade política. Longe de ser um ato de solidariedade, o uso do *keffiyeh* é muito mais sobre chamar a atenção para si próprio e para sua bondade do que chamar a atenção para os palestinos e seus desafios.

De fato, você pode usar essa peça enquanto não sabe nada sobre a parte do mundo de onde ela vem. Potkin Azarmehr, o escritor iraniano que fugiu do Irã para o Reino Unido, depois da Revolução Islâmica de 1979, observou a "ignorância" de muitos desses agitadores que usavam esse item contra Israel, nas ruas de nossas cidades. Há uma "desconexão alarmante", ele disse, "entre suas poderosas opiniões sobre o conflito em Gaza e a duvidosa compreensão de fatos básicos em si". As classes de *keffiyeh* parecem "ansiosas em dar desculpas ao Hamas", mas estão "evidentemente desinformadas sobre o que o grupo terrorista é e o que ele representa". Ele dá o exemplo de "Queers for Palestine", que "flertam com a ideia de justificar o Hamas por suas atrocidades", algo confuso já que a ideologia do grupo islâmico é "claramente contraditória aos valores e direitos pelos quais esses grupos lutam". A "agenda reacionária" do Hamas, diz Azarmehr, é "profundamente hostil aos direitos das mulheres e das pessoas LGBT".[26]

O fato de o grupo dos *keffiyehs* ser espantosamente ignorante em relação ao retrocesso e à barbárie do Hamas, o fato de que eles podem usar um símbolo palestino enquanto são totalmente analfabetos em relação à vida atual na Palestina, confirma que essa peça é um significante de um sentimento e não de conhecimento em si. De fato, uma pesquisa pós-pogrom com alunos americanos, os mais prováveis a usarem um *keffiyeh*, descobriu uma compreensão assustadoramente débil sobre fatos fundamentais do Oriente Médio. Por exemplo, somente 47% dos alunos que regularmente entoam o famigerado slogan "Do rio ao mar a Palestina será livre" sabiam responder quais eram o rio e o mar. Alguns achavam que a referência era o Nilo e o Eufrates. Outros acharam que era o mar do Caribe. Alguns achavam que "o mar" era uma referência ao Mar Morto, que, no caso, é um lago. Menos de 25% dos alunos sabiam quem foi Yasser Arafat. Mais de 10% achavam que ele tinha sido o primeiro primeiro-ministro de Israel. Agora, um pouco de otimismo. Quando foi mostrado um mapa do Oriente Médio e informado que ter um Estado Palestino do Rio Jordão ao Mar Mediterrâneo não deixaria "espaço para Israel", muitos dos alunos diminuíram seu apoio ao slogan "do rio ao mar" e a resposta à categoria "entoaria esta frase" mudou para "provavelmente não".[27]

Pense nisso: jovens radicais vestem um *keffiyeh* sem saber *de onde ele vem*. Sem saber que era entre o Jordão e o Mediterrâneo, não no Caribe, e que a *fedayeen* vestiu primeiro como um símbolo de resistência e que Yasser Arafat, que nunca foi primeiro-ministro de Israel, o tornou parte essencial do seu guarda-roupa. De novo, o pânico da apropriação cultural vem à mente. A revista *GQ* certa vez ridicularizou apropriações brancas de roupas de nativos americanos e homens brancos com *dreadlocks* como "absolutamente ignorantes" – "ignorantes em relação à jornada cultural de uma minoria e seu sofrimento histórico".[28] Criticou os "*millenials pálidos*, com aparência de doentes", que não sabiam nada sobre a cultura que eles roubaram. E, no entanto, nenhuma palavra de tal crítica foi dita contra os revolucionários Ivy League do TikTok que usam o *keffiyeh* sem saber onde é a Palestina e o que o Hamas faz. A definição de "ignorância", com certeza, é "Queers for Palestine" usando as peças, desconhecendo totalmente o fato de que, se eles pisarem em Gaza, seus pronomes mudam para era/eram mais rápido do que se abrissem a boca para falar "Palestina livre".[29]

As turmas do *keffiyeh* não têm somente uma "desconexão alarmante" em relação às realidades do Oriente Médio, mas também das verdadeiras injustiças globais do século XXI. Pense: de onde os *keffiyehs* provavelmente vêm? – da China. O grande paradoxo do culto dos *keffiyehs* é, de acordo com Niloufar Haidari, "quanto mais a peça se torna popular no Ocidente, menos benefício há para a economia palestina". Há somente *uma* tecelagem palestina que faz as peças. Os *keffiyehs* que vemos em cafés, universidades e galerias de arte do Ocidente são "produtos em massa", "feitos na China". O último tecelão de *keffiyehs* nos territórios palestinos diz que se tornou "cada vez mais difícil competir com os preços baixos dessas falsificações importadas".[30] A moda do *keffiyeh* na burguesia ocidental prejudicou os reais produtores da Palestina – uma amarga ironia que não passará em branco para aqueles de nós que sabemos que a sinalização de virtudes dos poderosos frequentemente têm consequências intencionais.

O radicalismo "*made in China*" das classes do *keffiyeh* é o resumo de uma resistência mercantilizada. Nada captura melhor a sinceridade moral do pessoal pró-Palestina do que o fato que seus significantes de *status* da moda provavelmente serem confeccionados por trabalhadores superexplorados no maior país do mundo sem liberdade. Os lenços que eles usam para mostrar o quanto se importam com a Palestina provavelmente foram confeccionados por pessoas que não têm o direito fundamental de liberdade de expressão e emancipação democrática. Suas demonstrações barulhentas de preocupação moral com a Palestina estão sendo possibilitadas por tecelões que recebem salários baixíssimos em um Estado autoritário, e este Estado autoritário não tem em relação a eles tanta preocupação moral assim, ou talvez nenhuma. Talvez seja até possível que os uigures* tenham feito seus *keffiyehs*, dado que dezenas de

---

* N.T.: Os uigures são muçulmanos que habitam, em sua maioria, a região noroeste da China, Xinjiang.

milhares dessas pessoas reprimidas tenham sido obrigadas pelo governo chinês a trabalhar em fábricas, incluindo fábricas têxteis.[31] A juventude ocidental mostra sua dor pelo povo oprimido da Palestina usando vestes confeccionadas por uigures realmente oprimidos – e isto é, com certeza, o fato mais concreto de demonstração do último estágio do capitalismo.

A preocupação mercantilizada pela Palestina acima de qualquer outra injustiça que ocorre no mundo – incluindo as injustiças em relação aos que confeccionam os keffiyehs para os ricos usarem – nos diz o quão importante as crenças de luxo, um termo cunhado pelo autor Rob Henderson, tornaram-se para as novas elites. De acordo com Matthew Goodwin, a "velha elite" obtinha seu status social com "manifestações físicas de riqueza, tais como roupas chiques, joalheria, viagens internacionais, serviçais, carros particulares e grandes propriedades", a nova elite tende a se distinguir das "massas de baixo status projetando seu 'capital cultural' em vez de seu 'capital econômico'". Levando em conta que a prosperidade "se espalha muito mais amplamente na sociedade" do que antes, como era no passado, "exibições ostentosas dos ricos têm muito menos significado". Em vez disso, diz Goodwin, "para a nova e sofisticada elite, financeiramente estável, moradora de cidades e educada em universidades, uma certa combinação de "crenças da moda agora é um novo significante do status social".[32] E, o principal dentre tudo isso, mesmo depois do pogrom, é a compaixão pela Palestina, combinada com o pavor de Israel. O *keffiyeh* tornou-se uma expressão material dessa crença de luxo. Assim, o lenço de camponeses do deserto tornou-se o principal meio através do qual os ricos do Ocidente demonstram seu capital moral e *status* social. Isto é apropriação cultural?

O fato de que o *keffiyeh* tenha se tornado um meio de distinção moral, uma parte do arsenal cultural que permite aos moralistas de luxo "se distinguirem das massas de baixo *status*" representa uma negação total do que essa peça já significou aos palestinos".[33] Onde, nas palavras de Jane Tynan, o *keffiyeh* foi primeiramente adotado pelas *fedayeen* para apagar qualquer "marca de identidade" entre eles, agora é um marcador de identidade. Agora é uma ferramenta não para enterrarmos diferenças de classe, mas para as acentuarmos, ao dizer: "Eu me preocupo com a Palestina e, assim, meu *status* é maior do que o seu".

Desse modo, o culto do *keffiyeh* é mais uma nova forma do "radical chique", um termo criado por Tom Wolfe no seu, ainda tenso, ensaio de 1970: "Radical chic: That Party at Lenny's". O ponto inicial foi uma festa para levantar fundos para os Panteras Negras, que o compositor Leonard Bernstein organizou em seu luxuoso apartamento em Manhattan. Wolf refletiu sobre como, em certos momentos da história, a elite supostamente iluminada desenvolve um intenso ressentimento em relação à "esforçada" classe trabalhadora e fica atraída por uma "identificação romantizada com as classes baixas aparentemente primitivas".[34] Ou seja, elas se distinguem das classes trabalhadoras ao adotarem uma preocupação refinada pelos superoprimidos. E já que o radical chique é "somente radical em estilo", escreve Wolfe, "no fundo é parte da sociedade e de suas tradições ascender socialmente".[35] É um alinhamento com a opressão que na realidade promove o privilégio.

O escritor britânico Michael Bracewell escreveu em seu ensaio de 2024, "Molotov Cocktails", que Wolfe diagnosticou uma moda segundo a qual as classes nobres procuram "deliciar-se tanto no glamour alheio quanto no monopólio da virtude através da sua exposição pública na política de rua. É uma política de minorias absolutamente afastada da esfera da experiência e diametralmente oposta às ilhas de privilégio nas quais a aristocracia mantêm seu isolamento, a base completa de seu relacionamento é exageradamente fora de eixo desde o início".[36] As classes sociais do *keffiyeh* também se identificam visivelmente com o "povo oprimido", não para melhor entender sua dor ou para fazer com que ela seja menor, mas para fortalecer sua própria aristocracia cultural em suas casas.

No entanto, o *keffiyeh* chique é pior do que o radical chique. Os Lenny Bernsteins do mundo poderiam ser perdoados por se sentirem atraídos pela motivação e paixão relativa aos movimentos de "rua", como os Panteras Negras. Essas causas devem ter sido empolgantes para um compositor mais velho, em seu apartamento enorme e solitário em Manhattan. As classes do keffiyeh, ao contrário, são atraídas pelo povo palestino não por seu dinamismo, mas por sua miséria. Não por sua força, mas por sua vitimização. O maneirismo da elite que Wolfe impiedosamente provocou era um "radicalismo indireto", o culto do *keffiyeh* é algo muito mais desagradável: vitimização indireta.

As classes do *keffiyeh* parecem ansiosas em se apropriar não somente de peças de roupa dos palestinos, mas do seu sofrimento também. Veja os organizadores dos acampamentos de "Gaza" na Universidade de Colúmbia em Nova York imitando tanto o estilo palestino quanto a privação palestina. Uma líder estudantil disse que ela e suas camaradas estavam passando fome e precisavam de "ajuda humanitária". "Você quer que a gente morra de desidratação e fome?", ela perguntou a um dos diretores da Universidade.[37] Em um vídeo que se tornou viral, um grupo de alunos com *keffiyehs* foi visto recebendo "ajuda humanitária" através dos portões da Universidade.[38] "Ajuda humanitária" – provavelmente era um pedido do Starbucks com muffins de blueberry de alguma loja próxima. Aqui temos jovens privilegiados em um *campus* Ivy League fazendo cosplay de vítimas de uma crise humanitária, confortavelmente se fantasiando de miseráveis da Terra.

Tal fato nos deu um *insight* preocupante sobre a verdadeira natureza da "solidariedade palestina". Colocou uma luz sobre o porquê de tantos de nossos jovens entoarem, "Somos milhares, somos milhões, todos somos palestinos". Esta á uma nova e desconcertante forma de ativismo. Não é o estilo de ativismo da década de 1960, com causas estrangeiras e até mesmo radicais chiques, aquela velha política como moda. Não, é a cobiça em relação ao sofrimento. As pessoas de *keffiyeh*, na minha opinião, desejam aquela "adrenalina" da opressão, o "entusiasmo" da perseguição. Eles trazem a roupa dos necessitados para escapar, ainda que de forma passageira, da realidade confortável e mimada de suas próprias vidas. A fim de experimentar o bem social mais cobiçado da era *woke*: a vitimização. Colocando o *keffiyeh* sobre os ombros, eles podem ser outras pessoas por um certo tempo. Alguém mais exótico, um pouco mais interessante. É menos político e mais terapêutico. Eles querem apagar o "pecado" do seu privilégio através da imitação do que consideram ser o povo menos privilegiado da Terra. É isso o que o *keffiyeh* se tornou: o tecido com o qual os ricos procuram limpar e tirar sua culpa branca.

Se o *keffiyeh* é o uniforme da política palestina de vitimização, as imagens do sofrimento dos palestinos é a moeda. Anos atrás, os radicais chiques ficavam animados com imagens de minorias se revoltando, hoje os seguidores do culto do *keffiyeh* saboreiam imagens da destituição palestina. Eles comercializam fotos da dor palestina. As mídias sociais ficaram "saturadas" com imagens traumáticas, de acordo com um jornalista.

Entre nas mídias sociais e você será instantaneamente exposto a "uma visão caleidoscópica do sofrimento humano sem trégua".[39] Não contentes em mercantilizar a roupa palestina, eles mercantilizam o trauma palestino também. Fazem um espetáculo da agonia palestina. Não para ajudar os palestinos de alguma forma significativa – como poderiam? –, mas sim para inflamar seus próprios sentimentos de repulsa moral coletiva.

Até os pedidos dos próprios palestinos para pararem de compartilhar imagens terríveis da guerra não foram suficientes para apaziguar essa tendência tenebrosa. Há alguns anos, a psiquiatra palestina Samah Jabr aconselhou os ocidentais a não compartilharem "conteúdo chocante", mostrando "pessoas destruídas" nos territórios palestinos, pois "tais imagens de dor violam a privacidade e a dignidade dos sujeitos" e podem "criar terror" entre os palestinos que têm medo de ter o mesmo destino. Tais imagens podem "provocar adrenalina" em observadores de fora, e gerar mais "likes" e "compartilhamentos" on-line, mas elas podem ser devastadoras para a "moral pública" nos territórios palestinos, Jabr escreveu.[40] Foi um pedido infrutífero. As imagens dos palestinos sofrendo são muito valiosas para a turma de *keffiyeh* a ponto de serem sacrificadas por preocupações insignificantes pela dignidade palestina. Sua dor agora é nossa, assim como seu lenço.

A vitimização indireta das elites por meio do drama palestino é um jogo perigoso. Não podemos negar que quanto mais os poderes culturais do Ocidente desejam e colecionem descrições do desespero palestino, mais a ideologia do Hamas ficará disposta a fornecer tais descrições. Veja a insistência de Yahya Sinwar, resumindo as palavras da CNN, que as "mortes crescentes de civis em Gaza" serão "um favor ao trabalho do Hamas". Sinwar, o líder militar do Hamas em Gaza, descreve, de forma vil, as mortes dos palestinos como "sacrifícios necessários" para "pegar os israelenses exatamente onde nós queremos".[41]

O Hamas claramente reconhece que, quando o *establishment* cultural do capitalismo global trata cada imagem da morte de palestinos como uma acusação da maldade de Israel, quando a classe ativista ocidental, as elites da mídia e os influenciadores digitais levantam cada imagem de um palestino ferido como prova de que o Estado Judeu tem uma "natureza assassina singular",[42] então é do interesse do Hamas prolongar a guerra e permitir que mais sofrimento ocorra. Ao transformar a agonia palestina em moeda de seu ativismo, a classe ativista não pode fingir surpresa em relação à disposição do Hamas em deixar que essa guerra desastrosa continue. A intransigência do Hamas perante este inimigo muito mais poderoso é uma consequência direta da mercantilização do sofrimento palestino (a partir da turma do *keffiyeh*), como uma declaração tanto dos atos ilegais de Israel quanto da indiferença do Ocidente.

A maior ofensa ao culto da vimitização é a redução de todos os fatos a um embate simplista entre o oprimido e o opressor, o bem e o mal, a luz e as trevas. Esse movimento não necessita somente de vítimas com as quais se deve ostensivamente simpatizar, mas também precisa de seus opostos: os agressores, os monstros da perseguição, que devem ser alvos de uma fúria barulhenta e constante. Como o professor Joshua Berman escreve, "a ideologia palestina da vitimização... constrói uma luta entre a vítima/herói em oposição ao bode expiatório". E isso pode levar a "descrições caricaturais do opressor", ele diz. Então, onde os radicais palestinos descrevem "narizes aduncos antissemitas", os seus apoiadores ocidentais insistem que o Estado Judeu é exclusivamente assassino, dado o derramamento de sangue e também a obsessão por matar crianças etc.[43] Esta é uma linha tênue entre a piedade e o ódio. A piedade pelos palestinos se transforma com extrema facilidade em ódio pelo único Estado Judeu do mundo, uma cortesia oferecida pela narrativa moralmente infantil que o *establishment* cultural teceu ao redor desse tenso conflito.

O resultado? Manifestantes de *keffiyehs* dizendo aos judeus em Nova York para que eles voltem para a Polônia.[44] Manifestantes de *keffiyeh* gritando no metrô de Nova York: "Levante a mão se você é um sionista!". Britânicos de *keffiyeh* em manifestações junto com radicais islâmicos que desejam realizar ainda mais pogroms em Israel. Os acontecimentos pós-7 de Outubro são um doloroso lembrete de que os simples binarismos morais das políticas identitárias vão provavelmente ressuscitar o racismo. Mais do que enfrentá-lo.

NOTAS

[1] Let's Talk About White Gays "Stealing Black Female Culture", *Cut*. 15 de julho de 2014.
[2] Your £800 Palestinian Keffiyeh does not say what you think it says, *Standard*. 25 de abril de 2024.
[3] Your £800 Palestinian Keffiyeh does not say what you think it says, *Standard*. 25 de abril de 2024.
[4] Why Beyoncé and Coldplay's Latest Music Video Is an Example of Cultural Appropriation, *Teen Vogue*. 31 de Janeiro de 2016; Kim Kardashian West is Being Called Out for Wearing Braids (Again), *Teen Vogue*. 3 de março de 2020.
[5] What is a keffiyeh, who wears it, and how did it become a symbol for Palestinians?, *NPR*. 6 de dezembro de 2023.
[6] Student union bans "racist" sombreros, *Guardian*. 29 de setembro de 2015.
[7] The cultural appropriation of the keffiyeh, *Spectator*. 4 de novembro de 2023.
[8] How the keffiyeh became a Palestinian symbol of resistance, *Salon*. 1 de maio de 2024.
[9] From Yasser Arafat to Madonna: how the Palestinian keffiyeh became a global symbol, *Guardian*. 11 de dezembro de 2023.
[10] *Israelopobia: The Newest Version of the Oldest Hatred and What To Do About It*, Jake Wallis Simons. Constable, 2023.
[11] From Yasser Arafat to Madonna: how the Palestinian keffiyeh became a global symbol, *Guardian*. 11 de dezembro de 2023.
[12] From Yasser Arafat to Madonna: how the Palestinian keffiyeh became a global symbol, *Guardian*. 11 de dezembro de 2023.
[13] *Symbolism in Terrorism: Motivation, Communication, and Behavior*, Jonathan Matusitz. Rowan and Littlefield, 2014.
[14] Squatters slowly filter out of Gordon Ramsay's pub, *Peterborough Matters*. 19 de abril de 2024.
[15] *An Atonal Cinema: Resistance, Counterpoint and Dialogue in Transnational Palestine*, Robert G. White. Bloomsbury Academic, 2023.
[16] What a riot, *Guardian*. 6 de julho de 2021.

[17] Is the war over for terrorist chic?, *Irish Independent*. 8 de novembro de 2008.
[18] Identity, Tradition, Resistance: The Keffiyeh Explained, *Vogue*. 2 de maio de 2024.
[19] The keffiyeh explained: How this scarf became a Palestinian national symbol?, CNN. 28 de novembro de 2023.
[20] Black writer's plea to white gay men, CNN. 4 de novembro de 2014.
[21] What "Blackfishing" means and why people do it, CNN. 8 de julho de 2021.
[22] What "Blackfishing" means and why people do it, CNN. 8 de julho de 2021.
[23] From Yasser Arafat to Madonna: how the Palestinian keffiyeh became a global symbol, *Guardian*. 11 de dezembro de 2023.
[24] The anti-Israel student protests lay bare the brazen hypocrisy of the woke Left, *Telegraph*. 7 de maio de 2024.
[25] University memo addresses appropriateness of Halloween costumes, *Daily Princetonian*. 31 de outubro de 2023.
[26] The staggering ignorance of the "pro-Palestinians" protesters, *spiked*. 2 de junho de 2024
[27] From Which River to Which Sea?, *Wall Street Journal*. 5 de dezembro de 2023.
[28] Cultural appropriation is about being utterly ignorant, *GQ*. 13 de outubro de 2018.
[29] "Queers for Palestine" must have a death wish, *Telegraph*. 9 de novembro de 2023.
[30] From Yasser Arafat to Madonna: how the Palestinian keffiyeh became a global symbol, *Guardian*. 11 de dezembro de 2023.
[31] China: 83 major brands implicated in report on forced labour of ethnic minorities from Xingjian assigned to factories across provinces; Includes company responses, Business & Human Rights Resource Centre. 1 de março de 2020.
[32] Rise of the Luxury Belief Class, *Matt Goodwin Substack*. 9 de outubro de 2023.
[33] Rise of the Luxury Belief Class, *Matt Goodwin Substack*. 9 de outubro de 2023.
[34] Ver em *Postwar American Fiction and the Rise of Modern Conservatism*, Bryan M. Santin. Cambridge University Press, 2021.
[35] *Radical Chic and Mau-Mauing the Flack Catchers*, Tom Wolfe. Farrar, Straus and Giroux, 1970.
[36] Molotov Cocktails, *Frieze*. 11 de novembro de 2004.
[37] Columbia University's protesters' most moronic moments: From demanding "humanitarian aid" to complaining about privacy and whining when the cops finally crack down, *Daily Mail*. 1 de maio de 2024.
[38] Columbia University student crumbles under questioning after claiming school was "blocking their access to food and water" and demanding "humanitarian aid", *Daily Mail*. 1 de maio de 2024.
[39] Is the Flood of Graphic Imagery From Gaza Warping Our Perception of War?, *New Republic*. 5 de dezembro de 2023.
[40] Permissible pain: How to deal with traumatic images coming from Palestine, *Middle East Monitor*. 24 de maio de 2021.
[41] Hamas leader said civilian death toll could benefit militant group in Gaza war. *WSJ reports*, CNN. 11 de junho de 2024.
[42] Who will shine a light on the atrocities in Gaza if all the journalists are wiped out?, *Guardian*. 29 de novembro de 2023.
[43] Protesters Chant "Raise Your Hand If You're a Zionist" on Manhattan Subway, *Yahoo! News*. 12 de junho de 2024.
[44] Racism in the mask of anti-imperialism, *spiked*. 29 de outubro de 2023.

CONTRA
A SEGURANÇA

Então, vivemos em uma época na qual você pode ser expulso de uma universidade por dizer que mulheres não têm pênis, mas ficará tudo bem se você disser "mate todos os judeus". Vivemos em uma época na qual perguntar para uma pessoa de onde ela vem pode ser considerado uma "microagressão racial", mas vociferar "Globalizem a intifada" logo depois de uma "intifada" na qual mil judeus foram assassinados é aparentemente ok. Vivemos em uma cultura na qual alunos exigem "*safe spaces*", cheios de livros de colorir e pufes, se o palestrante que eles odeiam aparecer no *campus*. Mas, no entanto, estes mesmos alunos, que têm medo de palavras como nós temos medo da morte, vão comemorar alegremente a invasão em Israel e o assassinato de centenas de seus cidadãos. Parece que não há *safe spaces* para judeus.

Esta foi uma das mais desconcertantes revelações logo depois do pogrom de 7 de Outubro: a geração "floco de neve"* tem um lado genocida secreto. Os alunos ativistas que sofrem se forem "apagados" quando você falha ao não usar seus pronomes escolhidos parecem não se preocupar muito com o "apagamento" real dos cidadãos do Estado Judeu.

De uma hora para a outra, alunos que ficavam abalados com "microagressões", como "Você não quer uma família?" – entendendo uma pergunta como um ato de "heteronormatividade" imperdoável, a qual, aparentemente, assume que todos querem uma família[1] –, estavam felizes com o massacre de famílias inteiras no sul de Israel. Duas semanas depois do pogrom, alunos da Universidade George Washington, em Washington D.C., projetaram o slogan, "Glória aos nossos mártires", na fachada exterior de um prédio no *campus*.[2] Isso é glória aos bandos que invadiram a nação judaica para estuprar e massacrar inocentes.

Essa é uma universidade cuja lista de microagressões incluem: perguntar para uma pessoa de origem asiática se ela pode ajudar com problemas de matemática (isto é, aparentemente, um ato de "viés implícito"), usar a frase "quando olho para você, não vejo cor" (esta pequena ofensa "nega à pessoa suas experiências étnicas ou raciais de acordo com a sua cor").[3] Alunos que querem uma proteção de conversas cotidianas e normais, repentinamente, estavam glorificando um dos piores atos de violência dos nossos tempos. Uma universidade na qual perguntar para um aluno asiático se ele pode te ajudar com uma equação é considerado um ato dissimulado de preconceito racial acabou pintada com um slogan que celebrava o racismo visceral dos progromistas do Hamas.

Logo depois do pogrom, a Universidade foi sacudida por protestos que eram abertamente pró-Hamas. Em um deles, um bando de alunos entoou:

---

* N.T.: A geração "snowflake", ou floco de neve, é formada por pessoas extremamente sensíveis, que se ofendem facilmente. O termo é geralmente atribuído aos jovens da geração Y, os Millennials. São aqueles que, em geral, atingiram a idade adulta nos anos 2010.

"Nós honraremos nossos mártires".[4] Foi essa mesma universidade que teve o apelido dos times mudado porque o *campus* estudantil achou o nome ofensivo. E qual era? "Colonials". Antes do 7 de Outubro de 2023, "a comunidade do *campus*" na George Washington exigiu um novo acerto de contas com a "história pesada" desse apelido ofensivo. Está "envolvido", eles disseram, com a "violência em relação aos nativos americanos e outros povos colonizados".[5] E, mesmo assim, meses depois, eles essencialmente diziam "Vamos honrar o Hamas". Alunos, feridos por uma palavra, estavam sentindo prazer no sofrimento literal dos judeus.

George Washington é um *campus* que tem um "comitê de conscientização em relação à cultura do estupro". É um *campus* onde alunos escrevem artigos doloridos sobre "avanços sexuais não desejados" que eles vivenciam.[6] Porém, alguns alunos dessa mesma comunidade estavam claramente "honrando" um exército de antissemitas que cometerem atos de violência cruéis com mulheres no sul de Israel. Receber um elogio, um flerte de um atleta bêbado em um bar é, aparentemente, algo intolerável na "cultura do estupro",[7] mas a brutalização coletiva de mulheres judias pelos misóginos do Hamas é algo que tem que ser "honrado".

Algumas críticas feministas costumam dizer que as universidades nos Estados Unidos foram abaladas pelo "pânico do estupro" nos últimos anos.[8] Houve uma cultura de "paranoia sexual", de acordo com Laura Kipnis no seu impetuoso livro, *Unwanted Advances: Sexual Paranoia Comes to Campus* (Avanços indesejados: A paranoia sexual chega ao *campus*).[9] Todos os tipos de comportamentos masculinos, do genuinamente ruim ao atrapalhado e até o inocente, foram redefinidos como "a cultura do estupro" em ação. A definição de "agressão sexual" foi expandida não só para a agressão em si, mas também para o "olhar masculino" – "um toque acidental, um toque no ombro, um convite não solicitado, uma tentativa de beijo, de abraço...".[10] A verdade por trás de toda essa paranoia sexual foi que a incidência de estupro e de agressões sexuais reais em universidades nos Estados Unidos era menor do que na população em geral. Como um escritor resumiu: "A taxa de estupro e de agressão sexual era 1.2 vez maior para não alunas (7,6/1000) do que para alunas (6.1/1000)".[11]

E, ainda assim, os paranoicos sexuais da universidade no século XXI, que viam estupro em toda parte, recusaram-se a ver quando ele realmente aconteceu: no inferno cheio de corpos no sul de Israel depois da invasão do Hamas. Esses radicais da universidade deram um "passe livre à violência indecente do Hamas", escreveu Thomas L. Friedman. Eles parecem positivamente *blasés* sobre o fato de que o Hamas "estuprou mulheres israelenses".[12] Os alunos da Universidade da Pensilvânia convidaram para ir ao *campus* um "ativista solidário" que escreveu no Twitter/X: "Que bom que o Hamas matou aquela puta", respondendo à foto de uma mulher de 22 anos assassinada no Festival Nova de música durante o pogrom.[13] Aquelas ativistas que tinham tanto medo ao sentirem a mão de um homem no ombro estavam agora fazendo amizade com um homem que tinha comemorado o assassinato de uma mulher judia.

Alguns alunos ativistas ainda foram aos escritórios do *The New York Times* para "censurar" as "reportagens sobre os estupros do Hamas".[14] Os alunos do Palestinian Youth Movement (Movimento Palestino Jovem)[15] tomaram o saguão da empresa e bloquearam as instalações onde são feitas as impressões no Queens. Em vez de usarem o nome oficial do jornal, *The New York Times*, usam o nome The New York War Crimes.* O crime? O jornal cobriu os atos de violência sexual do Hamas do dia 7 de Outubro de 2023. Essas histórias de estupro são "mentiras", é o que estava escrito no folheto distribuído pelos manifestantes.[16] Ativistas que poucos anos antes talvez tenham incentivado jovens mulheres a "contarem sua verdade" sobre a vida terrível que tinham sob o "olhar masculino" estavam agora tentando fisicamente impedir um jornal de contar a verdade sobre os crimes contra a humanidade cometidos pelo Hamas.[17]

Como já vimos, na Universidade de Harvard, em 7 de Outubro, antes mesmo do pogrom acabar, 31 grupos de alunos publicaram uma carta dizendo que Israel era "inteiramente responsável" por todo o "desdobramento

---

* N.T.: "War crimes" rima com "times" e se traduz como "crimes de guerra".

da violência".[18] Até quando mulheres e crianças eram assassinadas, esses privilegiados alunos Ivy League, a cerca de 5 mil milhas de distância, estavam absolvendo os assassinos de sua responsabilidade. A vítima do pogrom – Israel – é o "único culpado", eles disseram. Esta é uma universidade que tem *safe spaces* nos quais os alunos podem buscar refúgios das supostas adversidades nas conversas do dia a dia. Espaços nos quais há "círculos de massagem" e um tempo especial para "processamento e *journaling* (escrita em diários)" de sentimentos complexos.[19] Mas, mesmo assim, depois de ouvir uma das maiores adversidades de nossa época – o pogrom – alguns alunos de Harvard essencialmente disseram: "Vocês mereceram".

Em universidades britânicas o ódio contra Israel também foi grande. Em alguns dos protestos, os alunos gritavam "Globalizem a Intifada", e ridicularizaram as preocupações de que "alguns judeus vissem isso como um ato genocida".[20] Essa ridicularização poderia ter mais peso ainda se não tivesse vindo de um tipo de esquerdistas universitários que passaram os últimos 20 anos proibindo qualquer coisa que eles não gostavam, baseando-se no fato de que poderia incitar violência. Um coletivo de alunos britânicos proibiu uma música do Eminem pelo fato de que era contra gays e misógina.[21] Muitas universidades proibiram a música "Blurred Lines" de Robin Thicke, porque sua letra "subverte e degrada mulheres".[22] Os coletivos frequentemente silenciam alguns oradores, silenciando não somente extremistas verdadeiros, mas também feministas que criticam a teoria de gênero. Feministas estas que afirmam, escandalosamente, que homens não são mulheres.

Os ativistas britânicos da geração "floco de neve", que morrem de medo do rap "branco" e das TERFs (feministas radicais trans-excludentes), estavam felizes em clamar por mais "intifadas" nas semanas logo após o pogrom e isto constitui mais provas da onda gigante de hipocrisia que varreu os campi americanos e britânicos depois do 7 de Outubro. Alunos que se apressam para ir aos seus *safe spaces* quando ouvem "meu nome é..." ou Helen Joyce dizendo que pessoas com pênis são homens, de repente, sentem-se confortáveis em gritar pela globalização da violência. Pois a intifada é isso – um levante violento contra o Estado Judeu, ou sejamos honestos aqui, contra judeus.

A mudança repentina do "lutar por segurança" para o "honrar os pogroms" foi extraordinária. Durante anos, estudantes ativistas foram conhecidos, e frequentemente expostos ao ridículo, por sua estrema fragilidade. Por buscar refúgio nos seus *safe spaces* quando pessoas "perigosas" aparecem, tais como Christina Hoff Sommers ou Ben Shapiro.[23] Esses alunos também se escondem em lugares especialmente designados como áreas seguras, cheios de atividades com massinha, livros de colorir e música para relaxamento quando descobrem que uma feminista crítica vai ao *campus* para criticar a ideia da "cultura de estupro".[24] Por exigirem o "desestresse" em interações com bichinhos que eles podem segurar e acariciar depois de um dia cheio de ansiedade. Na Universidade de Cambridge, no Reino Unido, "um porquinho-da-índia, um gato de três patas e muitos cachorros" ficavam disponíveis para o corpo estudantil.[25] Um cachorrinho da raça Jack Russell chamado Twiglet foi aposentado de suas atividades depois de tantos alunos assolados pela ansiedade não pararem nenhum instante de acariciá-lo. O cãozinho ficou exausto.[26]

Os alunos exigiam uma constante segurança psíquica. Segurança em relação a ideias difíceis, textos controversos, imagens desconcertantes. Em Cambridge, "alertas de gatilho" foram adicionados às peças de Shakespeare, informando aos alunos que eles poderiam se sentir incomodados com o conteúdo. Alunos foram avisados que seminários sobre a peça *Tito Andrônico* teriam "discussão sobre violência e agressão sexuais".[27] Do temer cenas de agressão sexual em Shakespeare a ignorar os atos de agressão em Israel – que trajetória!

O *safetyism*,* escreve a psicóloga Pamela B. Paresky, tornou-se a "cultura moral" dominante no *campus*. "Segurança percebida" tornou-se um "valor sagrado". E mesmo assim, depois do 7 de Outubro, diz Pamela, as supostas proteções do *safetyism* foram abertamente negadas

---

* N.T.: O termo *safetyism* é usado para descrever uma tendência (cultural ou ideológica) que prioriza a segurança física e psicológica acima de outros valores, tais como: livre expressão, responsabilidade pessoal e resiliência.

aos alunos judeus. Eles, e somente eles, ficaram "suscetíveis ao encarar o desconforto do 'discurso de ódio'".[28] Alunos ativistas que durante anos exigiram proteção emocional em relação a verdades biológicas, ao *rap* ofensivo e até a Shakespeare agora esperam que os alunos judeus ouçam "intifada" ou "glória aos mártires" do Hamas dia após dia.

Na realidade, eles querem que os judeus ouçam coisas até piores. Depois vieram os "acampamentos de Gaza". Nas Universidades de Colúmbia, George Washington, Harvard, Pensilvânia, College London, Warwick e outras nos EUA e na Inglaterra, os alunos organizaram "comunidades com barracas" a fim de registrar sua fúria com a guerra de Israel em Gaza. A linha tênue entre o suposto antissionismo e o antissemitismo nunca foi tão aparente. No acampamento de Columbia, um cartaz denunciava o Estado Judeu como "os porcos da Terra".[29] "Nós não queremos dois estados / Nós queremos '48'", os alunos entoaram, claramente sonhando com uma era quando o Estado de Israel não existia.[30] Alunos judeus foram assediados. Foi dito "voltem para a Polônia" a alguns. Um manifestante de *keffiyeh* segurava um cartaz com uma seta, apontando para um grupo de judeus e descrevendo-os como "próximo alvo" do Hamas.[31] Ativistas universitários que ficavam nervosos com microagressões ao serem perguntados "de onde você é", agora estavam desejando a morte aos judeus.[32]

Alunos judeus da Pensilvânia foram agredidos com: "Voltem para a porra da cidade de Berlim, de onde vocês vieram".[33] A Universidade reconheceu o aumento do antissemitismo no campus, incluindo os desenhos de "suásticas e grafitagem com palavras de ódio" nas suas instalações, assim como "entoar... em manifestações... glória às atrocidades terroristas do Hamas, celebração e elogios ao massacre e sequestro de pessoas inocentes e a própria ideia do direito de Israel existir".[34] Um manifestante na George Washington carregou um cartaz mostrando a bandeira palestina e o mais assustador slogan do século XX: "Solução Final".[35]

Na Universidade de Exeter, no Reino Unido, alunos fugiram do *campus* depois de serem cercados por uma turba de cem odiadores de Israel furiosos.[36] Noah Rubin escreveu no *New York Post*: "Parece que nossas escolas de elite estão se transformando na Universidade do Hamas".[37]

A ironia é que a "Universidade do Hamas" foi organizada por uma classe ativista que passou anos se preocupando com a "extrema direita". Cada vez que um *Proud Boy** ou um Milo Yiannopoulus chegava em um *campus*, os alunos radicais diziam: "Não há espaço para o fascismo".[38] Mas, anos depois, o mesmo grupo de supostos antifascistas alimentaram um clima verdadeiramente fascista. Um clima no qual judeus ouviram que tinham que voltar para a Europa, com suásticas pintadas nas paredes, e um sonho vindo de todos os lugares: a destruição do estado de Israel.

O que realmente expôs essa piedade falsa, o descarado duplo padrão da elite acadêmica contemporânea, foi a infame audiência no Congresso, na qual as presidentes de três das melhores universidades americanas foram questionadas sobre antissemitismo. Em dezembro de 2023, dois meses depois do Pogrom, Liz Magill, presidente da Universidade da Pensilvânia, Claudine Gay, então presidente de Harvard, e Sally Kornbluth, presidente do Massachusetts Institute of Technology (MIT) foram questionadas por Elise Stefanik, uma representante do Partido Republicano pelo estado de Nova York. Alguém exigir o "genocídio de judeus" violaria (suas) regras de *bullying* e assédio?", perguntou Stefanik às presidentes.[39] De acordo com a CNN, as respostas foram "obscuras" e "jurídicas".[40] Depende do "contexto", elas responderam.[41] Tais declarações genocidas devem ser "investigadas como assédio" se estas forem "generalizadas e severas", disse Kornbluth, do MIT. Faríamos algo se tal fala "virasse uma... conduta", disse Gay, de Harvard.[42] Creio que tenha sido um alívio saber que essas ilhas de conhecimento tomariam medidas contra alunos que cruzariam a linha do "falar sobre genocídio" e tentar cometê-lo.

E foi isso. Representantes de universidades que, nos últimos anos, relaxaram na questão de como a cultura do cancelamento excedeu seus limites nos campi, quando feministas que acreditavam na biologia foram assediadas, e quando críticos negros da política identitária foram

---

* N.T.: Proud Boys é um grupo de extrema direita, exclusivamente masculino, com histórico de violência, anti-imigrantes e fundado em 2016.

colocados à margem, estavam preocupadas com "contexto", com a importância do equilíbrio das informações, mesmo quando o que estava sendo equilibrado era o sonho hitlerista de um genocídio judaico. De repente, escreveu Anthony Fisher no *Daily Beast*, "houve uma nova valorização para a 'nuance'". As atitudes quase indiferentes em relação ao clamor pelo genocídio estavam enfrentando as políticas no campus que cercam os códigos de fala e as microagressões, disse Fisher. Pior, isso bateu na discriminação. A redescoberta repentina da importância do contexto "isola judeus", disse Fisher. Esta ideia rebaixa os judeus para um "grupo singular identitário" para quem as "regras e proteções normais do *safetyism* da universidade não se aplicam".[43]

Tal preocupação "justa" em relação à exclusão de judeus do seu *safe space* foi disseminada logo após a audiência no congresso e resultante do aumento do antissemitismo nas universidades progressistas. "Nenhuma outra palavra – nunca – sobre *safe spaces*, microagressões ou apagamentos em campi universitários", disse Robert Pondiscio, do American Enterprise Institute, sobre testemunhar turbas de *safe spaces* prejudicando a segurança dos judeus: "Mais nenhuma outra palavra. Todo mundo tem um *safe space* em Colúmbia... menos os judeus", disse um professor transtornado da Columbia Business School.[44] Onde está o *safe space* para os judeus? – exigiu um observador.[45]

Essas são questões razoáveis. Os judeus nas universidades estão sendo forçosamente expulsos dos *safe spaces*. Agora lhes é negada a justiça política que os alunos negros têm, além de alunos muçulmanos, trans e outros. Isso é um flagrante de intolerância. No começo do século XX, havia uma conhecida "quota judaica" que limitava o número dessas supostas pessoas problemáticas que poderiam entrar em universidades como Harvard. Agora há uma "quota judaica" categoricamente declarada em relação a quantos "deles" podem entrar em um *safe space* e serem protegidos de calúnias sobre a Polônia e gritos para que sua pátria seja destruída: isto é, os judeus não têm este direito. Nenhum judeu tem acesso a essa zona sagrada.

E, mesmo assim, a pior resposta possível a esse tratamento preconceituoso, a essa estigmatização dos judeus como os não merecedores do "cobertor de cuidados progressistas", seria uma exigência de uma aplicação "justa", mais uniforme de códigos de fala na universidade. A pior resposta à proibição dos judeus nos *safe spaces* seria a exigência de um *safe space* mais igualitário, para todos, no qual judeus e não judeus possam deitar em pufes, brincar de massinha juntos e escapar dos ataques de discussões ríspidas. A pior resposta à exposição do fanatismo inerente que vemos no *safetyism* das universidades seria uma exigência à expansão desse *safetyism* para que os judeus possam ser incluídos.

Não, a solução não é ter *safe spaces* mais igualitários, mas, sim, desmantelar a ideologia do *safe space* como um todo. A verdadeira justiça, que precisamos na universidade moderna, não é a inclusão justa de judeus em sistemas de proteção psíquica, mas a exclusão de alunos que infantilizam gravemente as políticas como um todo. Longe de exigir o direito da entrada dos judeus em uma cultura que reduz alunos ao nível de crianças crescidas, as quais precisam de proteção 24 horas por dia, proteção de ideias e de palavras sensíveis, precisamos nos livrar de toda essa armadilha ideológica na qual o preço da "segurança" é nossa autonomia. A barra dos *safe spaces* para judeus pode ser aumentada pelo fanatismo, mas há um elogio escondido no racismo: alunos judeus, por qualquer razão, são capazes de enfrentar a dureza da vida fora dos *safe spaces*. Agora é hora de confiar nos outros alunos também, eles também têm capacidade para ter independência moral.

A razão principal de que a expansão de ideologias "progressistas" na universidade seria pior do que lidar inutilmente com o aumento do antissemitismo é que estas ideologias são *responsáveis* pelo aumento do antissemitismo. A ideologia dos *safe spaces*, as políticas identitárias, a política DEI (diversidade, equidade e inclusão) onipresente nas universidades – estas coisas são o combustível para o novo ódio aos judeus, do racismo "progressista" que afetam a academia anglo-americana depois do 7 de Outubro.

Foi a classificação cruel de cada grupo étnico – de acordo com seu "privilégio" e "opressão" – que levou a um novo direcionamento aos judeus.

Foi a construção de uma narrativa moral inflexível – de que certos grupos são historicamente oprimidos e, por isso, devem receber recursos e reconhecimento, enquanto outros são historicamente privilegiados e, por isso, devem expiar seus pecados e se desculpar – que transformou os judeus no grupo mais excluído de todos. Vistos como brancos – "hiperbrancos", na realidade[46] – e privilegiados, como colonizadores por excelência, os judeus se tornaram os Emmanuel Goldsteins (personagem da obra *1984*, de George Orwell) da ideologia DEI. A retaliação "progressista" contra os judeus foi resumida por relatórios de um evento na Universidade de Stanford uma semana depois do pogrom de 7 de Outubro. Um palestrante pediu para que judeus e israelenses "se identificassem". Depois, eles foram designados a ficar em um canto da sala, de onde tinham que ouvir uma palestra sobre "o que Israel faz com os palestinos".[47] Colocar judeus em um fila para humilhação pública? É impressionante como este novo "antirracismo" se parece com o velho racismo.

A ideologia DEI leva à desumanização. DEI é um esquema organizacional que está praticamente em todas as universidades do Ocidente. Ela é apresentada como um regime pró-igualdade cujo objetivo é fomentar uma cultura de justiça, especialmente para grupos sub-representados historicamente. Mas, na verdade, é uma classificação de raças que favorece certos grupos em prol de outros. Como o escritor Sean Collins diz, a ideologia DEI trata as pessoas como "personificações monolíticas de sua identidade sexual e racial etc., em vez de tratar como indivíduos". Atende às necessidades dos supostos grupos "marginalizados", mas não têm espaço para "asiáticos, brancos ou judeus" – os privilegiados – "que são vistos com desconfiança ou às vezes hostilidade total, pelos defensores do DEI".[48]

A ideologia alimenta a animosidade "contra especificamente os judeus". Estes são os superprivilegiados aos olhos da "hierarquia esquemática racial" da DEI. E, mais, os profissionais de DEI são claramente hostis com Israel, vendo o país como "colonizador e genocida".[49] Ao pintar os judeus como beneficiários de privilégio histórico, fazendo crer que o Estado de Israel é bastante problemático, era inevitável, nas arenas

nas quais a ideologia neorracialista impera, que os judeus estejam sob ataque. Os administradores das universidades podem torcer o nariz sobre a ameaça aos judeus as universidades desde o 7 de Outubro, mas foi a sua própria racialização da vida universitária, a sua própria ideia de instituir uma ideologia que concede ou nega valor moral dependendo do suposto nível de privilégio do grupo ético, que colocou um sinal nos judeus.

Assim, em certo sentido, não é um padrão duplo que os judeus estejam excluídos das proteções do politicamente correto. Não se trata de uma falha dessa ideologia que esse grupo étnico, em particular, não aproveite nenhuma de suas vantagens ou validações. Pelo contrário, é totalmente coerente com o sistema de classificação racial e de preferência racial em que alguns grupos são promovidos e outros rebaixados. Faz sentido que uma ideologia criada para repreender as "raças privilegiadas" e apoiar as raças "oprimidas" rotule como "outros" e exclua os judeus de forma tão implacável. É inevitável que a elite cultural, tão entusiasmada com a nova política de raça que divide todos em grupos de "oprimido" e "opressor" – ou seja, quem vale e quem não vale – simpatizaria com certos grupos e desprezaria outros.

Em sua crítica política certeira e afiada do ponto cego da esquerda moderna em relação à exclusão dos judeus dos "círculos sagrados" das preocupações progressistas, David Baddiel diz estar claro que "judeus não contam".[50] Não tenho certeza se é isso é verdade. Parece que os judeus contam – e muito – para o ativismo progressista contemporâneo. Seu papel é gigantesco. É o papel do opressor, do colonizador, da *ameaça*. Provavelmente, os judeus são os principais atores no melodrama identitário, e a eles foi atribuído o papel de "superproblemáticos". Eles são o opressor contra os quais os oprimidos se enfurecem, os colonizadores que devem ser decolonizados. A ira contra os judeus nas universidades desde 7 de Outubro sugere que a questão dos judeus é muito importante às novas elites emergentes, que, claramente, veem os judeus como a personificação da arrogância ocidental branca que qualquer seguidor decente de DEI deve repreender e domar.

Depois do 7 de Outubro, testemunhamos o quão violento o suposto *safe space* pode ser. Vimos a intolerância e a maldade que é essa nova ideologia de censura. Ficou claro que, ao prometer proteção contra pessoas supostamente transgressoras, o *safe space* também coloca essas pessoas transgressoras na mira, expondo-as a formas severas de reprimendas sociais e físicas. Ao retratar certas ideias como uma ameaça à sua própria noção de identidade, como algo capaz de apagar completamente sua identidade, o *safe space* acaba incitando medo, ódio e até violência contra tais ideias. E, por extensão, contra as pessoas que as defendem. O aumento do racismo, da brutalidade e da intolerância nas universidades "progressistas" depois do 7 de Outubro confirmam: quando você educa os jovens para que eles tenham medo das diferenças e das discordâncias, você os estimula a odiar aqueles que são os diferentes e aqueles com os quais você discorda.

A melhor resposta contra esse show de intolerância é a enorme e contínua defesa, que tanto os pogromistas quanto seus simpatizantes ocidentais odeiam: a liberdade. Liberdade de consciência, liberdade de pensamento, liberdade de expressão. Isso pode significar um mundo onde as pessoas são livres para dizer "matem todos os judeus", mas também significa um mundo onde muitos de nós somos livres para dizer: "Não, nunca mais".

NOTAS

[1] Resources on Implicit Bias & Microagressions, George Washington University.
[2] Glory to our martyrs' projected onto building at George Washington University, *Times of Israel*. 26 de outubro de 2023.
[3] Resources on Implicit Bias & Microagressions, George Washington University.
[4] Terrorist-loving GWU students "honor" Hamas "martyrs" and call to "globalize the Intifada", *Campus Reform*. 26 de abril de 2024.
[5] George Washington University Is Moving on From "Colonials", *New York Times*. 26 de março de 2023.
[6] "People Don't Want to Talk About It", *GW Today*. 18 de fevereiro de 2015.
[7] Laura Kipnis calls out the "feminine passivity" of rape culture in *Unwanted Advances*, *Chicago Reader*. 24 de abril de 2017.
[8] Laura Kipnis calls out the "feminine passivity" of rape culture in *Unwanted Advances*, *Chicago Reader*. 24 de abril de 2017.
[9] "A Left-Wing Feminist" Attacks the Climate of Sexual Paranoia on Campus, *National Review*. 24 de abril de 2027.
[10] The Campus Rape Culture That Never Was, *Minding the Campus*. 11 de fevereiro de 2019.
[11] The Campus Rape Culture That Never Was, *Minding the Campus*. 11 de fevereiro de 2019.
[12] Why The Campus Protests Are So Troubling, *New York Times*. 8 de maio de 2024.
[13] Elite schools turning into Hamas University as antisemitism runs rampant, *New York Post*. 22 de abril de 2024.
[14] Pro-Palestine protesters swarm *New York Times* for reporting Hamas rapes, *Jewish Chronicle*. 15 de março de 2024.
[15] Palestinian Youth Movement, NGO Minutor. 2 de junho de 2024.

[16] Pro-Palestine protesters swarm *New York Times* for reporting Hamas rapes, *Jewish Chronicle*. 15 de março de 2024.
[17] Pro-Palestine protesters swarm *New York Times* for reporting Hamas rapes, *Jewish Chronicle*. 15 de março de 2024.
[18] Thirty-one Harvard organizations blame Israel for Hamas attack: "Entirely responsible", *New York Post*. 9 de outubro de 2023.
[19] Harvard Students Op-Ed: Our School's "Safe Space" Isn't Safe Enough, *National Review*. 2 de abril de 2015.
[20] UK universities' Gaza camps: Crafting in drizzle and pints at the pub, *The Times*. 2 de maio de 2024.
[21] Students revolt as union bans Eminem, *Guardian*. 2 de fevereiro de 2001.
[22] Universities ban Blurred Lines on campuses around UK, *Guardian*. 20 de setembro de 2013.
[23] Students Protest Sommer's Lecture, *Oberlin Review*. 24 de abril de 2015.
[24] Students are Literally "Hiding from Scary Ideas", Or "Why My Mom's Nursery School is Edgier than College", *Reason*. 22 de março de 2015.
[25] Cambridge University's animals help students de-stress, *BBC News*. 20 de maio de 2018.
[26] Jack Russell brought into Cambridge University to help students de-stress left exhausted after he's booked for hours of walks, *Sun*. 14 de maio de 2018.
[27] Cambridge Uni students get Shakespeare trigger warnings, *BBC News*. 20 de maio de 2018.
[28] Campus Antisemitism Is Making Free Speech Fashionable Again, *Psychology Today*. 11 de dezembro de 2023.
[29] "Pigs of the earth?" Don't you dare call this anti-Zionism, *Australian*. 24 de abril de 2024.
[30] Thousands at Washington pro-Palestinian protest, with some chanting "Intifada" and rushing White House fence, *Jewish Telegraphic Agency*. 5 de novembro de 2023.
[31] "Pigs of the earth?" Don't you dare call this anti-Zionism, *Australian*. 24 de abril de 2024.
[32] Examples of Verbal and NonVerbal Microaggressions, City of Cambridge Mayor's Office, Massachusetts.
[33] Elite schools turning into Hamas University as antisemitism runs rampant, *New York Post*. 22 de abril de 2024.
[34] Jewish UPenn student describes frightening antisemitic campus culture: "They want to obliterate us", *New York Post*. 10 de novembro de 2023.
[35] Horror as GWU protester carries sign with Nazi "final solution" call for extermination of Jews, *New York Post*. 26 de abril de 2024.
[36] Terrified Jewish students flee campus after abuse from 100-strong mob, *Jewish Chronicle*. 7 de março de 2024.
[37] Elite schools turning into Hamas University as antisemitism runs rampant, *New York Post*. 22 de abril de 2024.
[38] Protest Forces Cancellations of Milo Yiannopoulos Event at UC Berkeley, *KQED*. 1 de fevereiro de 2017.
[39] Why Ivy League universities are so blasé about genocide, *spiked*. 6 de dezembro de 2023.
[40] After Harvard and Penn president resignations, focus of ire shifts to MIT's Kornbluth, CNN. 3 de Janeiro de 2024.
[41] US uni presidents say calls for Jewish genocide might be allowed "depending on context", *Jewish Chronicle*. 6 de dezembro de 2023.
[42] Why Ivy League universities are so blasé about genocide, *spiked*. 6 de dezembro de 2023.
[43] The Hamas-Israel War Obliterated the Campus Microaggression, *Daily Beast*. 9 de dezembro de 2023.
[44] Columbia Assistant Professor: "Everyone gets a 'safe space' at Columbia University. Everyone, that is, except Jews", CTECH. 19 de outubro de 2023.
[45] Where Is the Safe Space for Jews?, *Washington Stand*. 23 de abril de 2024.
[46] *Israelopobia: The Newest Version of the Oldest Hatred and What To Do About It*, Jake Wallis Simons. Constable, 2023.
[47] Stanford professor suspended for calling Jewish students "colonisers", *Jewish Chronicle*. 13 de outubro de 2023.
[48] You can't beat anti-Semitism with "diversity training", *spiked*. 20 de novembro de 2023.
[49] You can't beat anti-Semitism with "diversity training", *spiked*. 20 de novembro de 2023.
[50] *Judeus não contam*, David Baddiel. Avis Rara, 2023.

O EXPURGO

Algo absolutamente alarmante aconteceu no 8 de Outubro de 2023: professores simpatizaram com o pogrom. Alguns pareceram enxergá-lo como a aplicação prática de suas teorias, uma extensão explosiva e sangrenta de todo o seu trabalho acadêmico. Quando a fumaça ainda pairava sobre a área ferida do sul de Israel, enquanto os corpos esperavam para ser coletados, havia acadêmicos no Ocidente afirmando que eles *próprios* se viam naquela violenta atrocidade. Naquela zona de guerra, destroçada pelos fascistas do Hamas, eles viram não um crime contra a humanidade, mas uma manifestação física da sua própria maneira de pensar. Na barbárie do Hamas eles vislumbraram suas próprias ideias se tornando palpáveis. Disseram que há um nome para o que aconteceu em Israel: decolonização.

"Decolonização" era a palavra que estava na boca e nos tuítes de muitos acadêmicos e alunos nas horas e nos dias imediatamente após a selvageria do Hamas. Agora, podemos ver, de acordo com um pesquisador da London School of Economics, que a "decolonização não é uma metáfora". Não significa simplesmente decolonizar o currículo, ele disse, referindo-se à tendência acadêmica de *limpar* as universidades de sua suposta confiança excessiva no pensamento "branco e ocidental" e nos escritores "brancos e ocidentais", abrindo-se para outros pensadores de povos originários. E essa decolonização também é física, é *violenta*. Também significa "resistência do oprimido" e isso inclui "luta armada", disse o pesquisador.[1]

A insistência em que a "decolonização não é uma metáfora" pode ser ouvida em todos os lugares depois do pogrom. Foi colocada em cartazes nas manifestações de alunos. Como um jornalista do *Jerusalem Post* escreveu: "Participe de qualquer demonstração 'pró-Palestina' em uma universidade americana e você provavelmente verá um cartaz com a frase: 'decolonização não é uma metáfora'".[2] Logo depois do pogrom, os Students for Justice in Palestine, um grupo da George Washington University, emitiram uma declaração elogiando o ataque do Hamas e declarando: "Decolonização NÃO é uma metáfora".[3]

Dois acadêmicos da Universidade de Sussex, no Reino Unido, repetiram a afirmação: "Decolonização não é uma metáfora". Os eventos do 7 de Outubro foram "horrorosos", disseram em coautoria em uma coluna, mas não esqueçamos o "crucial pano de fundo": o projeto colonizador de Israel.[4] Um professor da Universidade de St. Lawrence, em Nova York, ficou irritado com seus colegas. "Se você acha que a 'decolonização' é adequada para as suas ementas, seus currículos, suas salas de aula, mas não para o povo colonizado da Palestina, então você nunca entendeu a decolonização", ele gritou, "por favor, parem de usar esse termo enquanto vocês não aprendem direito". Um acadêmico de

Estudos Queer da Universidade Paris Cité fez uma declaração similar: "Todos os acadêmicos que já usaram o termo 'decolonização' para o avanço de suas carreiras, por favor, atentem-se ao fato de que agora é hora de mostrar solidariedade à Palestina".[5]

Outros pensadores foram mais diretos com sua admiração pelo ataque do Hamas e ao considerá-lo um impulso para a decolonização. "A visão dos combatentes da resistência palestina invadindo os postos de controle israelenses que separam Gaza de Israel foi incrível", escreveu Joseph Massad, professor de Política Árabe Moderna e História Intelectual na Universidade de Colúmbia, em Nova York. "Inspirou júbilo e reverência", ele disse.[6] O grande homem da esquerda britânica, Tariq Ali, disse que os palestinos se libertaram da "prisão a céu aberto" e, diante da "indiferença da civilização ocidental", estavam "se rebelando contra os colonizadores".[7] Isso foi publicado no mesmo dia, no 7 de Outubro. Os corpos dos mortos em Israel – os chamados "colonizadores" – ainda não tinham esfriado.

Outros afirmaram suas teses de forma mais ousada. O que o Hamas fez, disseram, foi uma continuação das coisas que fazemos em nossas universidades. Foi uma expressão armada das ideias que defendemos. Foi a prática de nossas teorias de "decolonização" realizada de forma bruta. "Pós-colonial, anticolonial ou decolonial não são só palavras ouvidas em *workshops* de DEI", disse um professor da Universidade McMaster, no Canadá. A jornalista Najma Sharif destilou seu pensamento em um tuíte que viralizou logo após a carnificina do Hamas. "O que todos vocês acharam que decolonização significava? Boas vibrações? Artigos? Ensaios?", ela perguntou. E então veio um insulto de uma palavra direcionado àqueles que realmente pensavam assim – que "decolonização" era uma campanha bacana para incluir autores não brancos em nossas bibliografias e que não uma carnificina brutal de civis: "perdedores".[8]

Algo extraordinário estava acontecendo. Algo que exige nossa atenção. Acadêmicos correram para serem associados a um dos atos de violência mais cruéis de nosso tempo. Membros da classe acadêmica – professores, conferencistas, autores – estavam falando do pogrom do Hamas como: "Esta é a minha pesquisa em ação". Como o autor Doug Stokes colocou, eles viram o assassinato de israelenses como "a decolonização em ação", justificaram essas "ações sádicas de um grupo de islâmicos antissemitas e ultrafanáticos em termos de 'decolonização'".[9] Parece que estavam quase pedindo para serem responsabilizados (no mínimo, intelectualmente) pelo ato. Hamas foi o responsável militar pelo massacre, assassinato e sequestro de judeus. Mas o Ocidente letrado reivindicou sua responsabilidade moral. *O que vocês achavam que decolonização significava?* Era isso, aparentemente. Significava violência contra aqueles rotulados como "colonizadores". Significava "decolonizar" a Terra da sua presença tóxica. Significava morte.

O fato de que nossas classes letradas acolheram a atrocidade do Hamas como sendo um braço armado do seu próprio pensamento foi, definitivamente, revelador. É, de certa forma, uma conexão, em certo nível, entre um anti-humanismo intelectual no Ocidente e o anti-humanismo militante do Hamas. É sobre um laço, embora informal, entre a perda das virtudes da civilização de nossas elites e o desprezo do Hamas pela civilização. Também é sobre a natureza sombria do que é chamado de "decolonização". Se essa é uma teoria da moda, querida por professores, museus, galerias de arte e classes ativistas do Ocidente, não somente substituindo Geoffrey Chaucer por Alice Walker, mas também assassinando judeus... aí temos um problema.

"Decolonização" é a palavra da moda, o chavão de nossos tempos. Todo mundo fala. Bibliografias dos cursos universitários estão sendo decolonizadas. A filosofia está sendo decolonizada. A música está sendo decolonizada. Os museus estão sendo decolonizados. A ciência está sendo decolonizada. Até os cérebros estão sendo decolonizados. No seu texto seminal de 1986, *Decolonizando a mente*, o teórico pós-colonial queniano Ngũgũwa Thiong'o disse que devemos libertar nossas mentes do "falso universalismo" das "formas ocidentais de conhecimento".[10] Esse tem sido, desde então, o objetivo de uma campanha acadêmica de decolonização – enfraquecer o domínio "conhecimento ocidental" nas nossas instituições e escolas e abraçar modos alternativos, aparentemente melhores, de pensar sobre tudo, desde a condição humana até o método científico.

O significado da palavra "decolonização" se metamorfoseou dramaticamente ao longo das décadas. Como escreve Joanna Williams, o termo já foi usado para se referir ao "período logo após a Segunda Guerra Mundial", quando "países previamente colonizados, principalmente os da África, buscaram a independência". Naquele contexto, "a decolonização foi uma prática e um processo político importantes", ela escreveu.[11] A palavra "D" descreveu os processos através dos quais nações, uma vez subjugadas, avançaram em direção à autonomia, à democracia, depois de décadas de governos estrangeiros. O *Oxford English Dictionary* descreve a decolonização como "a retirada de um Estado colonizador de suas colônias, deixando-as independentes", decolonização é "a conquista de independência política ou econômica".

Agora não é mais. Agora significa algo completamente diferente. Agora não significa a libertação de nações do controle imperial, mas a libertação de nossas instituições da superdependência do conhecimento, do cânone e da filosofia ocidentais. Agora não significa somente a liberdade de nações africanas ou asiáticas do controle dos colonialistas do Ocidente, mas a liberação de uma nova geração em relação ao próprio Ocidente, da influência nefasta da "branquitude" em seus currículos escolares e universitários e em todos os museus e galerias que provavelmente visitarão. Agora não significa expulsar governantes estrangeiros de Angola, do Quênia e de tantos outros países, mas expulsar Kant, Milton e até Aristóteles do mundo da educação, tendo como base a ideia de que os alunos têm muito desta tal "branquitude" e agora devem ser expostos à "riqueza da sabedoria que vem da África, da Ásia, do Oriente Médio, da América Latina e de comunidades de povos originários".[12]

Esse ímpeto de limpar o mundo da "sabedoria ocidental" está disseminado. Não há quase instituições educacionais ou culturais de esquerda que não tenham adotado a "decolonização" de alguma maneira; prisioneiros desse impulso de "expandir as perspectivas para além do grupo cultural dominante, em especial, brancos colonizadores", como o *Washington Post* favoravelmente descreve.[13] Em algumas arenas, tornou-se uma cruzada sagrada, semelhante a um exorcismo intelectual. Alunos ativistas no Ocidente clamam, "Decolonizem o currículo!". Alunos de Yale exigiram a "decolonização" das ementas dos cursos, colocando de lado Shakespeare e Chaucer, justificando que é "inaceitável a um aluno de Yale, que considere estudar literatura inglesa, só estudar autores brancos e homens".[14] Algumas universidades no Reino Unido também estão se afastando de Shakespeare e Chaucer em um esforço de "libertar seus cursos do 'conhecimento ocidental branco e eurocêntrico'".[15] Mais universidades devem "decolonizar", esbravejou um autor do *Guardian*: "Nossa educação tem de ir além dos homens brancos de elite".[16]

Nenhum assunto está a salvo dos ataques da decolonização. A School of Oriental and African Studies (SOAS, Escola de Estudos Orientais e Africanos), em Londres, tem um movimento chamado "filosofia decolonizadora" dedicado a substituir o pensamento "branco" de Aristóteles e Sócrates por pensamentos mais modernos, incluindo um "teórico nigeriano de gênero" e um "expert japonês em zen".[17] Aristóteles, o pai da tradição filosófica ocidental, é severamente criticado por decolonizadores saqueadores do *campus* acadêmico moderno. Aristóteles achava a escravidão natural – como todos na Grécia Antiga – e isso é uma prova de que ele tinha "pontos de vista abomináveis", disse um professor de filosofia da Vassar College, nos Estados Unidos. E, assim, deve ser colocado sob suspeita. Devemos "lembrar que dentre nossos alunos há pessoas que sentiram na pele as consequências das práticas contínuas dos abomináveis pontos de vista de Aristóteles", ele disse.[18] Em resumo, alunos do presente, pertencentes a minorias étnicas, podem se sentir prejudicados pelo pensamento desse homem do passado.[19]

Quase toda semana, um grande homem – ou um "homem branco morto", como agora devemos chamá-los[20] – é levado a um tribunal arbitrário de decolonizadores e é acusado de ter opiniões que nós, no moralmente perfeito século XXI, consideramos inaceitáveis. Nas palavras de Frank Furedi: "Aristóteles, Chaucer, Hume e Kant estão sendo 'arrastados' pela turba decolonizadora e 'acusados de vários crimes culturais'".[21] Immanuel Kant, o grande filósofo alemão do Iluminismo, sentiu a ira de um grupo de alunos ingleses chamado Decolonizem suas Mentes. O grupo quer tirá-lo do conteúdo curricular. *They Kant be serious** era a manchete do *Daily Mail*.[22] David Hume, o padrinho do Iluminismo escocês, teve seu nome riscado dos prédios públicos, pois aparentemente lá estavam seus "terríveis crimes culturais". A Universidade de Edinburgh renomeou a Torre David Hume em 2020 em virtude dos comentários de Hume "sobre questões de raça".[23]

O desejo decolonizador assume a forma de apagar pessoas "problemáticas" do cenário público. Um grupo de *wokes* escalou a estátua de Edward Colston, um mercador e escravagista do século XVII, no ano de 2020, em Bristol, na Inglaterra. Tal feito foi celebrado por um historiador como "a decolonização da praça pública".[24] Há anos, alunos da Universidade de Oxford exigiam a "queda de "Rhodes", em referência à estátua do século XIX do colonialista britânico Cecil Rhodes na Oriel College. Tirar a estátua não é somente "derrubar um símbolo exterior do imperialismo britânico", mas também "confrontar a herança tóxica do passado".[25] Então, a decolonização é uma espécie de purificação, uma cuidadosa consideração com os supostos pecados da história ocidental, com as "ressacas tóxicas" da nossa suposta civilização.

Alguns decolonizadores foram longe demais ao comparar monumentos problemáticos com atos de violência. Um dos decolonizadores de Oxford contra a estátua de Rhodes disse: "Há uma violência quando se tem que passar ao lado da estátua todo dia a caminho das aulas... há uma violência quando se tem que sentar perto de pinturas de antigos

---

* N.T.: Trocadilho com as palavras "can't" (não poder/não podem) e "Kant" (do filósofo). A tradução em português é "Eles não podem estar falando sério".

escravocratas enquanto você escreve seus textos".[26] Há ativistas decoloniais no Ocidente que expressaram uma fúria ainda maior com estátuas de homens mortos há décadas do que com mulheres recém-assassinadas pelos terroristas do Hamas.

A campanha pela decolonização é incessante. A Associação dos Museus do Reino Unido manifestou seu apoio ao movimento "Decolonização nos Museus", insistindo que desses bastiões da civilização "reavaliem seu próprio papel histórico no Império".[27] O Museu de Ciências de Londres discutiu a "ciência decolonizadora".[28] Sobrou até para a ciência. Até o método fundamentado na razão para compreender a natureza e descobrir a verdade está sendo contestado pelos zelotes da decolonização. Talvez seja a hora, aponta um teórico do movimento, de interrogarmos a afirmação arrogante da ciência ocidental de ser "objetiva, exclusivamente empírica e imaculadamente racional".[29] Pouquíssimos ideais do Iluminismo foram poupados dos instintos destruidores da turba decolonizadora.

O que se conclui é que isso é um ataque aos ganhos da própria civilização ocidental. Os princípios fundadores da filosofia ocidental, a descoberta do método científico, o pensamento iluminista de Kant e Hume, até a música de Beethoven (a *Quinta Sinfonia* é um símbolo aparentemente ofensivo da "superioridade e da importância brancas masculinas")[30] – a cultura e as ideias que são a base da nossa civilização agora estão na mira dos decolonizadores. Eles cooptam a linguagem progressista anticolonialista do século XX e adequam para uma agenda completamente degressiva. Eles se apropriam de guerras passadas a favor da liberdade para adicionar um verniz de radicalismo de suas próprias guerras contra a cultura e contra a verdade. Como Christopher McGovern, da Campanha para a Educação Real do Reino Unido colocou, a decolonização é fundamentalmente "um código para apagar a identidade e os avanços extraordinários da civilização ocidental".[31]

E agora começamos a entender por que alguns desses decolonizadores vislumbraram suas próprias cruzadas ideológicas, na cruzada desequilibrada do Hamas no 7 de Outubro. Por que eles usaram a palavra sagrada – decolonização – para descrever o ataque do Hamas. Por que eles consideraram o ataque de 7 de Outubro uma "decolonização em ação".³² A ideologia do Hamas não é profundamente reacionária e disfarçada através da linguagem de "liberação nacional"? O Hamas também não trava guerras com tudo que é bom e chama tudo de "anticolonialismo"? O Hamas não é um inimigo da civilização, que odeia a modernidade ocidental e seus avanços, vendo a sua violência como meio de se purificar, além de querer purificar o seu mundo das influências tóxicas e estrangeiras? A linha tênue, ao menos do ponto de vista intelectual, entre as campanhas "decolonizadoras" das elites culturais do Ocidente e a violência "decolonizadora" do Hamas nos dá calafrios.

Alguns realmente sentiram uma associação, até uma ligação, com o que aconteceu em Israel no 7 de Outubro. Como um colunista descreveu, havia "autores e acadêmicos" que estavam "muito dispostos a *associar* a violência com a decolonização".³³ Slavoj Žižek também notou que o ataque do Hamas foi "percebido por muitos no Ocidente como uma tentativa real de decolonização".³⁴ Alguns citaram isso como prova de que a decolonização é um importante processo de limpeza das instituições ocidentais da influência dos "colonizadores brancos" e também uma luta violenta contra "os colonizadores".³⁵ Nas palavras do professor de estudos do Oriente Médio na Universidade da Califórnia, Irvine, o ato de "violência em massa" do Hamas deve nos sacudir para que reconheçamos a necessidade de "decolonização do nosso futuro coletivo". Isto é, a decolonização para todos: "Decolonização não somente em Israel/Palestina, mas globalmente, antes que a violência nos devore".³⁶ Então, o Hamas vai decolonizar o Oriente Médio e nós devemos continuar a "decolonizar" o Ocidente.

Uma coisa precisa ficar clara: quando pensadores e ativistas ocidentais falam em decolonização em relação a Gaza e ao Hamas, o que eles realmente estão falando não tem nada a ver com a decolonização que aconteceu depois da Segunda Guerra Mundial. Não tem nada em comum com as lutas anticoloniais daquele período e do desmembramento de estruturas coloniais que ocorreram em nações africanas e em outros lugares do Sul Global. A questão Israel/Palestina nem remotamente se parece com esses primeiros atos de decolonização. Por duas razões: primeiramente, porque Israel não é uma nação colonizadora e, segundo, porque o Hamas não é um movimento de liberação nacional. Longe disso.

A descrição de Israel como uma nação nascida do "colonialismo europeu", como o exemplo remanescente no mundo de europeus racistas dominando um povo é falsa. O moderno Estado de Israel foi estabelecido não pelo colonialismo, mas pelo anticolonialismo. Sim, nas décadas de 1920 e 1930, o Sistema Colonial Britânico agiu de forma favorável aos judeus do Mandato Britânico da Palestina. Mas foi fundamentalmente a revolta dos revolucionários judeus contra os governantes britânicos, uma revolta que aconteceu entre 1944 e 1948, que possibilitou o fim do Mandato Britânico e a criação do Estado Judeu. Como Jake Wallis Simons diz, a verdade é que a "a maneira como Israel foi criado é típica do período". Como outras nações que ansiavam por liberdade em relação ao Império, depois da Segunda Guerra, Israel lutou por sua independência nacional e foi "estabelecida legitimamente sob a lei internacional depois da retirada do Império Britânico".[37]

A ironia que o ódio que o grupo de decolonizadores nutre por Israel, mais do que por qualquer outra nação, é que Israel é uma nação *decolonizada*. O Estado Judeu passou realmente pelo processo de decolonização quando, como outros estados aspirantes do pós-guerra, estabeleceu sua independência do Império e "substituiu instituições ocidentais por formas mais democráticas de governo".[38] É muita ironia: Israel contribuiu muito mais para o ideal de decolonização – um ideal verdadeiro, da busca pela liberdade em relação aos decretos externos e regras injustas – do que qualquer outro odiador privilegiado no Ocidente que acha que guardar sua cópia da *Crítica da razão pura* é realmente um golpe para os "colonizadores brancos".

A condenação de Israel pelo movimento decolonizador como "um país branco", como uma praga "supremacista branca" sobre os verdadeiros nativos daquela parte do mundo, é também falsa. Na realidade, nas palavras de Simon Sebag Montefiore, o "clichê da branquitude" que é a "chave para a ideologia decolonizadora" é "mais absurda do que o rótulo de 'colonizar'". Na realidade, Israel tem uma população significativa de judeus etíopes. Além disso, Montefiore aponta que cerca de metade dos israelenses, mais ou menos 5 milhões de pessoas, são *mizrahim*, "descendentes de judeus de terras árabes e persas, dos povos do Oriente Médio". Como os judeus *mizrahim* acabaram no Estado Judeu? Porque, depois de 1948, foram expulsos de suas próprias casas em Bagdá, no Cairo e em Beirute, onde tinham vivido por muitos séculos, até milênios.[39] Retratar judeus não brancos, expulsos de suas terras ancestrais por uma milícia hostil de exércitos árabes, como "colonizadores" é um ultraje contra o registro histórico.

Se a rotulação decolonizadora de Israel como uma colônia branca colonizadora é falsa, o tratamento do Hamas como anticolonial é absolutamente ilusório. O Hamas está longe de ser como os movimentos históricos anticoloniais do período pós-guerra. Enquanto esses movimentos antigos aspiravam, pelo menos, a representar "o povo", o Hamas se vê como um instrumento de Deus. Enquanto os antigos movimentos anticoloniais prometiam criar um estado democrático – mesmo que muitos falharam e ficaram longe do objetivo –, o sonho do Hamas é criar um Estado teocrático. E enquanto as lutas anticoloniais do pós-guerra se justificavam na linguagem do antirracismo, afirmando que não brancos eram capazes de governar como os brancos, o Hamas é uma organização claramente racista. Seu desejo não é igualdade racial, mas a destruição racial. Seu documento de fundação se compromete com a eliminação de judeus. Em abril de 2023, pregadores ligados ao Hamas pediam em seus sermões a "paralisia" e a "aniquilação" dos judeus – pedidos que foram acatados pelos combatentes do Hamas no massacre de 7 de Outubro.[40]

Nas palavras de Daniel Ben-Ami, "a partir de suas declarações e atividades", o Hamas "está abertamente comprometido com o assassinato em massa dos judeus". E "não há resposta para a ignorância da esquerda em relação a esses objetivos genocidas".[41] Rotular Israel como a personificação do pensamento genocida e racista do colonialismo europeu e o Hamas como os potenciais libertadores da "Palestina Histórica" é uma calúnia dupla. É claramente ignorância em relação à fundação de Israel, com a ingenuidade suicida em relação à verdadeira intenção do Hamas: a criação de um Califado implacável no qual os judeus não existiriam e as mulheres, os gays, os esquerdistas e os sindicalistas sofreriam uma repressão brutal.

O ponto de vista dos decolonizadores sobre Israel/Palestina representa uma inversão grotesca de moralidade e de verdade. O Estado fundado por meio de uma luta anticolonial é rotulado de "colonialista" enquanto um movimento que se dedica ao massacre racista de judeus é chamado de "anticolonialista". As pessoas diversas de uma nação democrática são chamadas de "supremacistas brancos", enquanto intolerantes do Hamas que odeiam os judeus são colocados como combatentes da liberdade. As pessoas que foram atacadas pelos terroristas genocidas no 7 de Outubro são ridicularizadas como "genocidas", enquanto seus agressores são desculpados. "A retaliação palestina é totalmente inevitável e inteiramente justificável", um esquerdista britânico disse sobre esse show de violência fascista.[42]

Se é uma distorção histórica grotesca retratar o pogrom do Hamas como um ato de decolonização, por que tantas pessoas no nosso *establishment* cultural insistem em fazer isso? Parcialmente porque elas estão se iludindo. Estão tão cheias de ideias preconceituosas "bacanas", que veem Israel apenas como um povo maldoso e os palestinos somente como um povo oprimido, e assim parecem estar impermeáveis à verdade e à realidade. Há também um elemento de desejo político desesperado. Para aqueles supostos radicais que vivem nas sagradas mas monótonas universidades ocidentais, cujo único ato revolucionário foi substituir

Jane Austen por Toni Morrison em suas bibliografias, o 7 de Outubro foi *empolgante*.[43] Foi real. Foi como uma revolta. Parece que colocou o peso da violência histórica nas suas campanhas chatas de decolonização. E a morte lhes deu vida política. E, por isso, eles têm um interesse em não falar nisso com profundidade, e em não acreditar em todos os detalhes do que o Hamas fez – pois, se o fizessem, talvez descobrissem que o preço de seu sentimento breve de relevância foi a morte de mil judeus.

E tem outra coisa. Há um paralelo ideológico, uma conexão moral, entre o ímpeto das elites ocidentais para decolonizar as instituições e o ímpeto do Hamas de matar israelenses. Pode não ser falado, e às vezes é difícil de ser visto, mas está lá. Ambos representam o ódio contra a civilização. Ambos representam uma raiva contra a humanidade. Ambos rejeitam – um de forma acadêmica, outro de forma violenta – a reverência e a autoridade cultural. Enquanto nossos decolonizadores procuram "apagar os extraordinários avanços da civilização ocidental", o Hamas procura apagar o que considera ser a imposição da civilização ocidental no Oriente Médio: Israel.[44] O instinto das "elites culturais" logo após o 7 de Outubro de "associar a violência" de suas próprias teorias é sinal de que reconheceram uma certa verdade que jamais falarão em voz alta – que o ataque do Hamas contra os judeus espelha seus próprios ataques à História.[45]

Não deveríamos ficar surpresos. Desde a década de 1970 há uma aproximação da esquerda pós-moderna ocidental aos islamistas radicais em torno de um ceticismo compartilhado e, às vezes, em torno de uma hostilidade direta em relação a afirmações culturais e morais do Ocidente. Houve uma "confluência dos pensamentos radicais contemporâneos do Ocidente e do islamismo", como Sir John Jenkins descreve. E é "simples", ele diz, já que ambos surgiram no mesmo ambiente de revolta contra a racionalidade iluminista". O islamismo radical tem lembrado cada vez mais "a esquerda europeia e americana, porque precisamente afirma que tem os mesmos alvos: a alegação universalista de uma modernidade eurocêntrica e humanista".[46] A "esquerda", principalmente a acadêmica, que perdeu a fé nas virtudes e nas verdades do Iluminismo, sentiu-se seduzida pelos grupos islâmicos que também veem o Ocidente moderno como um falso deus.

Essa nova "confluência" ficou evidente no entusiasmo do filósofo Michel Foucault logo depois da Revolução Islâmica no Irã de 1979. O trabalho de Foucault foi muito influenciado pelos círculos decolonizadores. Ele é descrito como um "dos santos padroeiros da teoria crítica".[47] Foucault visitou Teerã duas vezes durante a revolução e ficou "deslumbrado" com a "revolta dos subalternos". Ele saudou a entrega ao mundo de uma nova "espiritualidade política".[48] Quase nada foi dito sobre as consequências desastrosas da revolução para a liberdade política, paz regional e para as mulheres. Quarenta anos depois da teoria crítica, quatro décadas de uma descida mais profunda da academia ocidental ao fosso do pós-Iluminismo, agora ouvimos rumores positivos até sobre as questões que envolvem o pogrom. A história se repete como farsa, cortesia da rejeição contínua do *establishment* cultural em relação à razão e ao racionalismo, que eram dádivas da modernidade.

Decolonização é des-civilização. É um expurgo. É o expurgo das ideias e dos ideais que moldaram nossas sociedades e nossas instituições. É uma *jihad* secular: a tentativa de erradicação dos ganhos da modernidade por uma elite mimada que decidiu que tais ganhos não têm mais utilidade. A mesma elite que viu o pogrom de 7 de Outubro como uma extensão visceral de suas teorias sugere que a decolonização é também desumanização. Até os judeus, no Estado odiado que é Israel, simbolizam, de certa maneira, os pecados da civilização ocidental que tais decolonizadores desejam apagar. Talvez, parafraseando Heinrich Heine, quando uma pessoa decoloniza livros, logo decoloniza pessoas. E o Hamas mostrou isso claramente – o que significa decolonizar pessoas.

Durante séculos, os judeus foram vistos como os percussores de uma modernidade desconcertante. Nas palavras do historiador especializado em história judaica Michael A. Meyer, judeus eram considerados "os próprios símbolos de modernidade". Eles frequentemente eram considerados "responsáveis coletivamente por promover valores que destruíram o consenso medieval e substituíram uma sociedade de indivíduos alienados por uma comunidade harmoniosa".[49] Em resumo: judeus provocam, destroem e carregam o homem para mundos novos e confusos. O medo racista retornou. Vê-se isso na forma como os judeus estão sendo retratados como autores do neoliberalismo sanguinário. E como os causadores do violento *europeísmo* na terra nativa do povo árabe. E como "colonizadores" incomparáveis. Uma vez mais eles são os disruptores da "harmonia" e, assim, uma guerra deve ser travada contra eles, com pogroms em Israel, agressões físicas no Ocidente e punições por terem privilégios na academia.

A guerra de hoje contra os judeus é uma guerra contra a humanidade. É uma guerra contra a civilização. É uma manifestação violenta da nossa sociedade contra os valores da modernidade e do conhecimento iluminista. É uma guerra que os decolonizadores, tanto do Ocidente quanto do Oriente Médio, absolutamente precisam perder.

NOTAS

[1] Decolonisation is not a metaphor, it is violence, Laura Dodsworth Substack. 9 de outubro de 2023.
[2] How "decolonization" became the latest flashpoint in the discourse over Israel, *Jerusalem Post*. 4 de dezembro de 2023.
[3] How "decolonization" became the latest flashpoint in the discourse over Israel, *Jerusalem Post*. 4 de dezembro de 2023.
[4] *Contextualizing Gaza: Colonial Violence and Occupation*, Institute of Development Studies, 13 de outubro de 2023.
[5] Canadian academics shrug at horrendous violence perpetrated against Israelis, *National Post*. 11 de outubro de 2023.
[6] The Professors and the Pogrom: How the theory of "Zionist Settler Colonialism" reframed the 7 October massacre as "Liberation", *Fathom*. November 2023.
[7] Uprising in Palestine, *New Left Review*. 7 de outubro de 2023.
[8] The dangers of "decolonisation", *spiked*. 28 de outubro de 2023.
[9] The dangers of "decolonisation", *spiked. 28 de outubro de 2023.*
[10] *Decolonising the Mind: The Politics of Language in African Literature*, Ngũgĩ wa Thiong'o. James Currey, 1996.
[11] Against decolonising the curriculum, CIEO. 7 de março de 2024.
[12] Aristotle and Socrates are sidelined as woke academics try to "decolonialise" philosophers taught in classrooms and rely less upon "dead white men" – with new-age thinkers, including a Nigerian "gender theorist" and Indian-American feminist, *Daily Mail*. 13 de junho de 2024.
[13] The "decolonization" of the American Museum, *Washington Post*. 12 de outubro de 2018.
[14] Yale English Students call for end of focus on white male writers, *Guardian*. 1 de junho de 2016
[15] Universities drop Chaucer and Shakespeare as "decolonisation" takes root, *Telegraph*. 22 de agosto de 2022.
[16] Yes, we must decolonise: our teaching has to go beyond elite white men, *Guardian*. 27 de outubro de 2017.
[17] Aristotle and Socrates are sidelined as woke academics try to "decolonialise" philosophers taught in classrooms and rely less upon "dead white men" – with new-age thinkers, including a Nigerian "gender theorist" and Indian-American feminist, *Daily Mail*. 13 de junho de 2024.

[18] Cancel Culture Is Undermining Learning and Harming Students like Me, FEE. 17 de agosto de 2020.
[19] Should We Cancel Aristotle?, *New York Times*. 21 de julho de 2020.
[20] Aristotle and Socrates are sidelined as woke academics try to "decolonialise" philosophers taught in classrooms and rely less upon "dead white men" – with new-age thinkers, including a Nigerian "gender theorist" and Indian-American feminist, *Daily Mail*. 13 de junho de 2024.
[21] *The War Against the Past*, Frank Furedi. Polity Books, 2024.
[22] Are Soas students right to 'decolonise' their minds from western philosophers?, *Guardian*, 19 de fevereiro de 2017.
[23] Edinburgh University renames David Hume Tower over 'racist' views, *BBC News*, 13 de setembro de 2020.
[24] Toppling Colston: decolonisation of our own practice, On History. 29 de abril de 2022.
[25] *Rhodes Must Fall: The Struggle to Decolonise the Racist Heart of Empire*, Brian Kwoba et al, Bloomsbury Publishing.
[26] Oxford Students Want "Racist" Statue Removed, Sky. 12 de julho de 2015.
[27] Supporting Decolonisation in Museums, Museums Association.
[28] Ver a conferência Decolonising Science Narratives, Science Museum, 2019.
[29] Decolonizing Science and Science Education in a Postcolonial Space, *Sage Journals*. Março de 2016.
[30] Classical Music's Suicide Pact, City Journal. Summer 2021.
[31] Plan by woke academics to "decolonise" philosophy by sidelining Aristotle and Socrates in favour of new-age thinkers is "erasing extraordinary achievements of Western civilisation", say campaigners, *Daily Mail*. 13 de junho de 2024.
[32] The dangers of "decolonisation", *spiked*. 28 de outubro de 2023.
[33] Decolonisation is not a metaphor, *Critic*. 9 de outubro de 2023.
[34] What the left gets wrong about Gaza and "decolonisation", *New Statesman*. 20 de dezembro de 2023.
[35] Decolonisation is not a metaphor, it is violence, Laura Dodsworth Substack. 9 de outubro de 2023.
[36] "From the river to the sea" and the decolonisation of our collective future, *Al Jazeera*. 15 de novembro de 2023.
[37] *Israelopobia: The Newest Version of the Oldest Hatred and What To Do About It*, Jake Wallis Simons. Constable, 2023.
[38] Against decolonising the curriculum, CIEO. 7 de março de 2024.
[39] The Decolonization Narrative Is Dangerous and False, *Atlantic*. 23 de outubro de 2023.
[40] Hamas in Its Own Words, ADL. 10 de janeiro de 2024.
[41] This is not about "liberating" Palestine, *spiked*. 9 de outubro de 2023.
[42] This is not about "liberating" Palestine, *spiked*. 9 de outubro de 2023.
[43] Jane Austen replaced on literature course by American author Toni Morrison to "decolonise" curriculum, *Wales Online*. 6 de abril de 2022.
[44] Aristotle and Socrates are sidelined as woke academics try to "decolonialise" philosophers taught in classrooms and rely less upon "dead white men" – with new-age thinkers, including a Nigerian "gender theorist" and Indian-American feminist, *Daily Mail*. 13 de junho de 2024.
[45] Decolonisation is not a metaphor, *Critic*. 9 de outubro de 2023.
[46] Islamist and the Left, *Policy Exchange*. Dezembro de 2021.
[47] Islamist and the Left, *Policy Exchange*. Dezembro de 2021.
[48] Islamist and the Left, *Policy Exchange*. Dezembro de 2021.
[49] Modernity as a Crises for the Jews, Michael A. Meyer, *Modern Judaism*, Vol 9, No 2. Maio de 1989.

O SANGUE
DE SIONISTAS

Quando um ativista islâmico gritou nas ruas do lado oeste de Londres, pertíssimo da Embaixada de Israel "Queremos os sionistas, queremos o sangue dos sionistas", de quem ele estava falando? Era maio de 2021. Houve uma manifestação anti-Israel bem barulhenta. Uma gangue de homens estava berrando insultos ao Estado Judeu através de megafones. Eles gritavam: "É um Estado terrorista de *apartheid*"; e prometeram: "Teremos a nossa vingança". Uma das pessoas gritou que desejava sangue sionista. Isso foi só uma afirmação política, mesmo que raivosa e violenta? Será que ele estava se referindo tanto aos gentios quanto aos judeus que acreditam que Israel tem o direito de existir?

Quando, em março de 2024, uma pessoa pichou a parede de uma sinagoga com as palavras "sionismo = nazismo" na cidade de Norwich, na Inglaterra, foi um comentário político?[1] Um comentário político feito em um lugar inadequado sem dúvida, mas ainda sim é um comentário político? Teria sido uma expressão mal colocada de uma *ideia* – a saber, a de que o nacionalismo conhecido como sionismo é problemático?

E quando a casa de Anne Pasternak, judia e diretora do Brooklyn Museum, foi pichada com tinta vermelha, em junho de 2024, e um cartaz foi pendurado na porta chamando-a de "sionista supremacista branca"?[2] Foi um julgamento moral de supostas crenças políticas de uma mulher? Foi um ato imprudente de protesto em uma residência, não muito diferente de quando ativistas (pró-aborto) se reúnem do lado de fora da casa do juiz da Suprema Corte (contra o aborto), Brett Kavanaugh, para que ele saiba suas opiniões sobre o aborto? Ou seja, foi uma atitude estúpida mas foi um ato político?

E quando os manifestantes de *keffiyeh* entraram no metrô de Nova York em junho de 2024 e um deles grita: "Levante a mão se você é sionista?"[3] E quando seus colegas repetiram suas palavras, naquele tom robótico, amplificado, tão característico da esquerda moderna, de modo que, em um trem lotado em Nova York, um grupo grande de pessoas passou a gritar para que os sionistas se identificassem? E quando os manifestantes, alguns de máscaras, informaram a qualquer sionista que poderia estar no vagão que "esta é sua chance de sair"? E, como não havia nenhum sionista se identificando, eles disseram: "Ok, não há sionistas aqui, então está tudo bem". Isso foi ativismo político? Foi um pedido simples, mesmo que ameaçador, para que os adeptos de uma ideologia – a ideologia do sionismo – saíssem de lá? Isso foi ativismo político de confronto?

E quando, logo depois do 7 de Outubro, alunos da UCLA riscaram a parede da biblioteca com as palavras: "Morte ao sionismo"?[4] Ou quando as palavras "Palestina livre, fodam-se os sionistas" foram escritas em um ponto de ônibus em Homerton, em Londres? Ou quando alunos da Universidade de Birmingham abriram uma bandeira com a frase: "Sionistas fora do nosso *campus*"?[5] Ou quando um funcionário da Amazon escreveu "morte aos sionistas" num pedaço de papel e colocou dentro de um livro sobre Israel que ele estava enviando para um cliente?[6] Ou quando um manifestante pró-Palestina em Londres agitou um cartaz dizendo: "A BBC é um braço da máquina de propaganda sionista?".[7] Ou quando manifestantes nos EUA disseram "Acabem com o sionismo"?[8] Ou quando um manifestante em Washington DC balançou um cartaz com os dizeres "O sionismo é um câncer no planeta"?[9] Ou quando alguém em Nova York escreveu: "Sionismo é terrorismo" em um pôster com uma das vítimas de sequestro do Hamas?[10] Ou quando um membro do Parlamento britânico foi chamado de "escória sionista" nas redes?[11] Ou quando um dos organizadores do acampamento de Gaza na Universidade de Colúmbia em Nova York disse: "Sionistas não merecem viver"?[12]

Isso tudo é política? Rude, ofensiva, diversa e às vezes diretamente violenta, mas ainda, política? A condenação direta de uma doutrina e daqueles que a apoiam? Afinal, essas pessoas não usaram a palavra "judeu". Elas não disseram "que os judeus se fodam" ou "escória judaica" ou "levante a mão se você é judeu". Elas disseram: "que os sionistas se fodam", "escória sionista" e "levante a mão se você é um sionista". Elas não pediram que os judeus se retirassem do metrô, pediram que os sionistas se retirassem do metrô. Elas não disseram que os judeus são feios, disseram que os sionistas são feios. Elas não disseram que o judaísmo é um câncer no mundo, disseram que o sionismo é um "câncer no mundo". É totalmente diferente. Se fosse em relação aos judeus seria ódio racial, sem dúvida. Mas, como é em relação ao sionismo, é crítica política (impetuosa, incômoda e ameaçadora). Crítica política de uma forma de nacionalismo, de um estilo de governo, de uma crença.

Certo?

Claro que não. E qualquer pessoa que queira manter esta ilusão – a ilusão de que "antissionismo não é antissemitismo", essa fantasia de que críticas ao Estado de Israel não são diferentes de críticas a qualquer outro país – está se enganando.¹³ Uma coisa que ficou dolorosamente clara depois do 7 de Outubro é que o antissionismo é agora a máscara que o antissemitismo usa. A oposição ao sionismo é o véu e, por trás, o ódio aos judeus. Então, quando as pessoas dizem "sionistas", com muita, muita, muita frequência, elas querem dizer judeu. A histeria, o horror e os ânimos exaltados no ódio contra a única nação judaica do mundo certamente não pertencem à esfera da crítica política ou do protesto político, mas, sim, ao universo antigo do medo e do ódio por um povo e somente um povo.

Sabemos, é claro, que alguns dos eventos mencionados anteriormente foram atos venenosos de ódio racial que se fantasiaram de protesto político. Por exemplo, um islâmico, a oeste de Londres, deu voz ao seu desejo por sangue sionista e disse: "Acharemos alguns judeus aqui!". Claramente essas palavras são intercambiáveis no novo fascismo. Um dos manifestantes apontou para o tênis, que parecia ter minibandeiras de Israel desenhadas, e disse: "Esta é a nova edição antijudaica da Nike". Então, aquilo era uma caça aos judeus disfarçada de protesto contra Israel. Era um pogrom sendo preparado que fingia que o alvo era o sionismo.

Em relação à pixação do "sionismo = nazismo" na sinagoga de Norwich – puro ódio antissemita. Tinha todos os elementos: um ataque à casa de oração dos judeus, insulto aos judeus com a palavra "nazismo", com memórias do extermínio de seu povo e implicava culpa racial, como se todos os judeus tivessem responsabilidade por qualquer ato cometido por Israel. Para somar o insulto à injúria racial, Norwich tem a dúbia honra de ser a cidade na Europa onde os primeiros libelos de sangue antissemitas surgiram. Foi em 1144. Os judeus de Norwich foram acusados, sem nenhuma evidência, de um assassinato (supostamente em um ritual) de um menino de 12 anos chamado William a fim de que seu sangue fosse extraído.¹⁵ A calúnia nasceu e se espalhou como a peste através da Europa, com acusações similares em todos os lugares, o que levou a pogroms, expulsões, e incalculáveis mortes.¹⁶ Antissemitas em Norwich podem dizer agora "sionista" em vez de "judeu", mas sua crença que este povo quer sangue parece não ter diminuído.

E o ataque à casa de Anne Pasternak? Aconteceu na sequência do "Dia de fúria por Gaza" em 10 de junho de 2024. Houve protestos contra a *Nova Exhibition NYC* em Wall Street, uma instalação com um tributo às vítimas do 7 de Outubro. Manifestantes anti-Israel condenaram a exibição como sendo "propaganda sionista", e disseram que ela estava "provocando uma permissão ao genocídio". Na Union Square, manifestantes abriram uma bandeira: "Vida longa ao 7 de Outubro". Não era nem o "Palestina Livre", ou "Palestina do rio ao mar", disse um observador, mas "longa vida ao dia de morte, destruição, fúria e sequestro tendo como alvo, exclusivamente, os civis".[17] Foi um grupo dissidente dos manifestantes do "Dia de Fúria" que foi ao metrô caçar sionistas. E, depois, alguns deles visitaram a casa da Sra. Pasternak para jogar tinta vermelha e condená-la por ter "sangue nas mãos".

Vamos ser francos: foi um pogrom disfarçado de um "Dia de Fúria". Foi uma caça aos judeus disfarçada de caça aos sionistas. Quando você está protestando contra uma exibição que homenageia vítimas de um fascismo moderno e procura sionistas no metrô, você não está envolvido com protestos políticos – você está envolvido com uma moderna versão de uma violência antiga, um pogrom disfarçado com as cores da Palestina. Como Nora Berman escreveu sobre o "Dia de Fúria": "Agora está claro que todo tipo de pecado antissemita pode ser cometido sob o pretexto da oposição ao sionismo".[18]

E os outros incidentes, os outros clamores? Quando as pessoas dizem que a BBC, e o resto da mídia, é um "braço da máquina de propaganda sionista", todos sabemos o que isso significa. Todos sabemos que essas são formas novas da antiga e horrorosa crença de que os judeus controlam a mídia e tudo mais, apesar de haver um verniz e um polimento ao dizerem "sionistas" e não "judeus". Quando as pessoas dizem que "o sionismo é o câncer do planeta", ouvimos ecos dos velhos ódios que descreviam o judaísmo como o flagelo do mundo. Todos ouvimos reverberações do antigo ponto de vista nazista sobre judeus como piolhos, como os que espalham o tifo, como, essencialmente, uma "doença contagiosa mortal".[19]

E quando alguém diz: "Sionistas, para fora do nosso *campus*", "Acabem com o sionismo", "Morte ao sionismo", "Que os sionistas se fodam" e "Sionistas são feios", a questão é: por quê? Por que eles estão com tanta raiva dessa forma de política nacional? Por *esta* ideia de nação sobre todas as outras? Por que nunca foram a público exigir a morte de nacionalistas lituanos, por exemplo? Ou para condenar nacionalistas italianos como feios e cancerígenos? Ou dizer "fodam-se" ou "por favor, morram" às pessoas que acreditam no estado turco? Por que somente o sionismo os torna raivosos e fazem com que saiam às ruas, até em transportes públicos, numa caça desequilibrada por aqueles que compartilham a ideia de um estado? A própria potência do ódio contra o sionismo, a sua natureza furiosa e singular, é um indicativo de seu fanatismo e irracionalidade. É a própria "linguagem do ódio", como Howard Jacobson chama, "transmitida do culpado ao desavisado e de volta ao culpado", deixa evidente que esta agitação febril borbulha dentro de poços mais sombrios do que a simples "política".[20]

Antissionismo é racismo. Há várias críticas interessantes ao sionismo, interrogações analíticas genuínas, investigações tanto de sua teoria quanto de sua prática. Certamente, este tipo de questionamento já existiu historicamente, e veio, com frequência, dos judeus. Mas tudo foi profundamente obscurecido por um antissionismo que contém um pouco mais do que uma antipatia com um toque de violência por uma nação e, por consequência, por seu povo. Naquele protesto fora da *Nova Exhibition NYC*, havia um manifestante carregando um cartaz que dizia que sionistas "não eram humanos".[21] Aí está. A desumanização de judeus. O roubo, mais uma vez, de sua humanidade. O retorno da imaginação fascista.

Sionismo é, simplesmente, a ideia de que os judeus têm o direito a ter uma nação na sua terra ancestral. A palavra Sião vem da Bíblia. É uma referência à montanha em Jerusalém onde acredita-se que o Rei David esteja enterrado. Ao longo de milênios, de acordo com a historiadora Suzanne Rutland, "Sião" começou a ser "referência à cidade de Jerusalém, assim como a terra de Israel". A palavra sionismo, o nome dado ao movimento judaico nacional de autodeterminação, não surgiu até os anos 1890, quando Theodor Herzl, o pai do sionismo político, introduziu, no projeto de estado judaico, moral e dinâmica política.[22] Embora, claro, como Jake Wallis Simons diz, o sonho de um retorno judaico a Israel vem muito antes do século XIX – há uma "singular antiguidade", ele escreve, aos judeus, que "almejam o retorno à sua pátria".[23]

Toda a raiva contra o sionismo tido como um sonho maligno de Estado, como um tipo de etno-histeria que se mostra como um dos piores e mais terríveis nacionalismos, é, na verdade, semelhante a outros desejos de independência nacional. Sim, a antiguidade dos sonhos dos judeus de Sião, combinada com a experiência de "séculos de terríveis perseguições", significa que o projeto sionista tem características diferentes, diz Wallis Simons. Mas, fundamentalmente, no tumulto da virada do século XX, "o sionismo não era incomum": "era simplesmente uma expressão de nacionalismo que surgiu quando os impérios otomanos, austro-húngaros e russos e, eventualmente, os poderes ocidentais, deram lugar a novos Estados-nação a partir da Primeira Guerra Mundial.[24]

O argumento que os críticos de Israel usam é que o sionismo é um projeto político e a crítica a ele é política também. A oposição ao sionismo é política. Até o ódio é político. Eles dizem que não é racista levantar objeções à ideia política. Como Adam Serwer escreveu para o *The Atlantic*, "Sionismo político, definido resumidamente, é a crença que os judeus devem ter um estado judaico na sua pátria ancestral. O antissionismo, também brevemente, é a oposição a isso". Não deveria ser uma surpresa, de acordo com ele, que os palestinos e seus simpatizantes ocidentais sejam antissionistas. Não há "nada de antissemita" sobre "acreditar na existência de um estado, definido de formas religiosa e ética, que seja inerentemente racista", diz Serwer.[25] Outros insistem que a crítica a Israel não é antissemita, e dizer isso pode soar como uma tentativa dissimulada de "silenciar os críticos em relação à ocupação israelense".[26]

Esses críticos estão, de forma tediosa, corretos. Criticar Israel – dizendo, por exemplo, que você não aprova suas guerras, ou que não gosta da comida, ou que acha o país muito quente – claramente não é racista. Mas o que vemos nas ruas, nas universidades e nos jornais todos os dias não é "crítica a Israel" – é ódio extremo pelo país. Não é uma crítica política do sionismo – é a condenação do sionismo como sendo excepcionalmente maligno, sanguinário, uma ameaça letal não somente aos palestinos, mas à humanidade como um todo. Não é antiguerra – é ser contra um Estado-nação cuja destruição é há muito tempo desejada, glorificada, com campanhas para o seu extermínio. "Nós não queremos dois estados / Nós queremos 1948". Isso não é simplesmente um desejo de "Tire as mãos de Gaza", como os "Tire as mãos do Vietnã" ou "Tire as mãos da Irlanda", que foram ouvidos no passado. Não, é uma manifestação, uma manifestação mundial, uma manifestação curiosamente extremista para a punição, humilhação e possivelmente até a morte do sionismo.

Mostre-me outro movimento antiguerra dos anos recentes cuja campanha era não somente para acabar com uma guerra, mas também para exterminar um *país*. Que não apenas tenha acusado uma nação de conduzir uma campanha militar injusta, mas também a tenha chamado de um câncer, "singularmente assassino", psicótico e uma ameaça à humanidade?[27] Que tenha mobilizado, com tanto entusiasmo, o espectro nazista? Um movimento que descreveu a nação opositora como não somente errada ou má, mas também como genocida, similar a Hitler, que pretende carregar as pessoas que oprime para um inferno, não diferente do Gueto de Varsóvia?[28]

Isto não é crítica – é histeria. Não é oposição – é ódio. Não chega a ser nem denúncia – é uma sentença de morte ao nacionalismo judaico e exclusivamente ao nacionalismo judaico. Aqueles que dizem que criticar um país e uma ideologia não é racista estão tecnicamente corretos, mas são historicamente ingênuos. Eles não conseguem captar o que é novo e distinto sobre a "crítica" ao sionismo no século XXI. Eles não conseguem compreender a estranheza de ver milhões de pessoas ao redor do mundo não somente se opondo ao sionismo, mas também *se definindo* por sua oposição. Essas pessoas se dizem antissionistas, uma negação raivosa e orgulhosa negando a ideia de um país judaico que é uma característica tão central no seu sistema de crenças políticas e identidade social. E isto, em si, faz soar um alerta. Criticar Israel pode não ser racista, mas toda a sua personalidade girar em torno de um ódio obsessivo e rancoroso com Israel é algo questionável (tentando ser bondoso aqui).

O contexto histórico atual do antissionismo deve sempre ser levado em consideração. Claro que houve muitos momentos na história que as pessoas criticaram o projeto sionista. Muitos dos críticos eram judeus. No século XX, havia judeus que expressaram suas oposições políticas e religiosas à ideia do sionismo. A crítica religiosa estava na crença de que um Estado Judeu não deve ser construído até a chegada do Messias, e depois deveria ser um Estado teocrático, não um Estado como os outros.[29]

A crítica política, em grande parte vinda dos revolucionários marxistas judeus, estava centrada na convicção de que separar os judeus das sociedades não judaicas, criando sua própria pátria, representaria uma *acomodação* ao antissemitismo e não um enfrentamento dele. Deixar a sociedade seria deixar os pogromistas ganharem, Leon Trotsky e outros defendiam. Claro, essa visão perdeu força depois da loucura nazista dos anos 1940, quando ficou claro que a sobrevivência dos judeus como um povo estava totalmente ameaçada. O sonho antigo de retornar a Sião tornou-se uma questão de urgência excepcional, depois da escravização e do extermínio de judeus pelos nazistas e por seus aliados locais.

Trotsky disse: "Israel será uma armadilha de sangue para os judeus".[30] O "sionismo é incapaz de resolver as questões judaicas", ele disse. Rosa Luxemburgo, a revolucionária alemã judia, era cética em relação às reivindicações iniciais do sionismo. Mas aqui está o ponto: ela também criticava outros nacionalismos. Ela escreveu, em seu estilo inigualável, contra o nacionalismo dos poloneses, ucranianos, lituanos e checos. "Dez novas nações do Cáucaso... corpos apodrecidos que se empilham em antigas sepulturas... e preenchem um desejo apaixonado de formar estados", esbravejou.[31] Ela era antinacionalista, não antissionista. A sua crítica era em relação aos movimentos nacionalistas, não ao desprezo único em relação ao nacionalismo judaico. Como Michael Walzer explanou, o fato marcante sobre o "ódio de Luxemburg" era seu "universalismo". Uma característica "que falta na esquerda contemporânea, na qual o ódio é muito mais limitado". O que é marcante hoje, diz Walzer, é que o Estado Judeu, apesar de ser "muito como os outros estados", encontra-se "na mira de receber essa versão singular do ódio de Luxemburgo".[32]

Este é o ponto-chave. É a natureza singular do antissionismo – a miopia do seu ódio, a intensidade e a ferocidade direta de seu foco em somente uma nação e seus ideais fundantes – que o distingue das críticas políticas e religiosas ao sionismo feitas no passado. Isso que torna este ódio novo, desconcertante e até perigoso. Isso torna claro que a insistência dos críticos de Israel no argumento de que "antissionismo não é antissemitismo" não cola mais. Não entender a característica historicamente específica do antissemitismo moderno é estar, de propósito, cego a esta altura. Não reconhecer suas características retrógradas é permitir que sua própria oposição a Israel obscureça qualquer julgamento moral que você ainda tenha. Não perguntar "por quê" – o porquê da obsessão, a força do sentimento, a caça aos judeus no metrô, nas universidades, nas ruas – é tornar-se cúmplice no ressurgimento de velhos ódios em uma nova linguagem.

E, mais, não interrogar como o "antissionismo" conseguiu dar uma nova vida até para a extrema direita é imperdoável. Cinco minutos na internet, até menos, vão deixar claro que os neofascistas reativaram suas ideologias de ódio com uma linguagem de "antissionismo". Isto vem tomando corpo há algum tempo. Como o historiador Benjamin Bland escreveu, depois da Segunda Guerra Mundial, a "extrema direita" tinha um "obstáculo gigante na sua frente: os horrores do Holocausto". Era difícil ser fascista uma vez que todo mundo sabia o que o fascismo causou. Então, a extrema direita adotou duas táticas nas décadas após a Segunda Guerra. A primeira negou que o Holocausto aconteceu. A segunda abraçou o antissionismo como meio de expressar seu antissemitismo. O antissionismo se tornou, de acordo com Bland, "uma máscara para os simpatizantes do nazismo".[33] Se a sua "crítica a Israel" dá vida aos extremismos fascistas, aí você precisa reconsiderar a sua "crítica a Israel".

O que aconteceu foi extraordinário: os supostos antifascistas do *establishment* cultural criaram as condições para o ressurgimento do fascismo. O fascismo tanto da extrema direita e da variedade islâmica. Ao fazer do ódio ao único Estado Judeu do mundo um barômetro importante de valor político e moral, uma característica central do seu ativismo, seus comentários e suas artes, as elites culturais criaram um terreno no qual o ódio dos *judeus* conseguiu florescer. Ao fechar os olhos para os fanatismos antissemitas dos radicais islâmicos, tendo como motivo que é "islamofóbico" criticar as pessoas de fé islâmica, eles deram sinal verde para as animosidades raciais das pessoas, para os desejos por "sangue sionista". Ao falhar em considerar a novidade do antissionismo de hoje e, em vez disso, insistir roboticamente que "não é racista criticar Israel", eles permitiram que a extrema direita se reinventasse como outro oponente raivoso do credo mais malévolo do planeta: o sionismo.

O grupo de formadores de opinião que durante anos denunciou todos os movimentos populistas que não gostava como "extrema direita", trouxe agora a extrema direita de novo à vida pública. Eles estão na internet, em nossas ruas, escondendo-se em áreas com um grande número de judeus, dizendo "morte ao sionismo", quando realmente querem dizer e, nós todos sabemos disso, "morte aos judeus".

Quais são esses "sionistas" que a esquerda universitária, os comentaristas radicais, influenciadores, islamistas e neofascistas odeiam tanto? Eles são os judeus; 75% dos judeus britânicos sentem uma profunda ligação com Israel; 63% se identificam como sionistas[34] (72% na década passada, sem dúvida como resultado da transformação do *establishment* cultural da palavra "sionista" como sinônimo de perversidade). As pesquisas mostram que 80% dos judeus americanos são pró-Israel.[35]

Na Austrália, 77% dos judeus se identificam como sionistas, e 86% concordam que a existência de Israel é essencial para o futuro do povo judeu.[36] É hora de sermos realistas: quando as pessoas dizem "fodam-se os sionistas", elas querem dizer "fodam-se os judeus".

O que aconteceu, na minha opinião, é que o antigo pavor e o preconceito contra os judeus estão projetados agora no Estado Judeu. O velho bode expiatório dos judeus foi substituído pelo bode expiatório de Israel. O medo irracional que as pessoas antes sentiam dos judeus, agora sentem do lugar onde muitos judeus vivem.

A crença na natureza singularmente assassina de Israel, o desejo obsessivo do derramamento de sangue de crianças palestinas, ecoa nos libelos de sangue que se espalharam de Norwich para a Europa na Idade Média. A crença que Israel é todo poderoso, que seu lobby faz com que os EUA e o Reino Unido comam na palma de sua mão, imitam a antiga visão da besta de muitos tentáculos, comandando tudo. A alegação de que os sionistas controlam a mídia é a nova versão do velho medo fanático do excepcional "controle judaico". E a ideia de que Israel é um câncer, uma doença, uma entidade tão terrível que ameaça a paz mundial, além da paz no Oriente Médio, tem ecos aterrorizantes do delírio nazista, que dizia que os judeus eram responsáveis por todos os males, incluindo o torpor econômico alemão e a crise política alemã.

O antissionismo é a nova forma que o bode expiatório tem no século XXI. Antes todos os problemas das comunidades eram responsabilidade dos judeus que lá estavam, agora Israel é responsável pelos males não somente do Oriente Médio, mas também do *mundo*. As pessoas culpavam os judeus por seus problemas e suas desgraças, por tudo que faltava em suas vidas, agora exércitos de radicais ocidentais e seus jovens acham uma explicação para os seus sentimentos de desorientação: o poder e a maldade de Israel. Eles colocam os pecados de suas sociedades, os pecados do mundo em uma nação. A nação judia. Essa ironia do antissionismo é em si a prova de que o sionismo é necessário. O ódio por Israel entre os letrados do Ocidente mostra por que Israel deve existir. Não há mais necessidade de nenhuma justificativa para a existência de Israel do que o fato de tantas pessoas desejarem que o país seja exterminado.

As consequências do 7 de Outubro expuseram a irracionalidade da Israelfobia. Confirmaram que o ódio intenso de hoje é fundamentalmente uma manifestação de colapso moral e do desvio para a irracionalidade do próprio Ocidente. O antissionismo não é uma crítica política de uma ideia, mas sim a personificação física, intelectual e antiquada da própria crise de significado do Ocidente. Diz-se que o sono da razão produz monstros. Nosso sono da razão certamente fez isso. Trouxe de volta a ideologia do pogrom, a imaginação do próprio fascismo, para sociedades que sonhávamos ser iluminadas.

NOTAS

[1] "Zionism is Nazism" scrawled on Norwich synagogue, *Jewish Chronicle*. 14 de março de 2024.
[2] Vandals Splash Graffiti on Home of Jewish Director of Brooklyn Museum, *New York Times*. 12 de junho de 2024.
[3] When protests cross into antisemitism, it hurts the Palestinian cause, *Guardian*. 14 de junho de 2024.
[4] "Are you a Zionist?" Checkpoints at UCLA encampment provoked fear, debate among Jews, *Los Angeles Times*. 9 de maio de 2024.
[5] Birmingham uni activists call for "Zionists off our campus", *Jewish Chronicle*. 9 de fevereiro de 2024.
[6] Amazon worker who added "death to Zionists" note to order is suspended, *Jewish Chronicle*. 20 de dezembro de 2023.
[7] Pro-Palestine protesters wave "Zionists" control the media" placards during London march, *Telegraph*. 3 de fevereiro de 2024.
[8] Tensions high as pro-Palestinian protests spread at college campuses around US, *Reuters*. 30 de abril de 2024.
[9] Red Lines, *Daily Campus*. 16 de novembro de 2023.
[10] Transformed into mist, *Intercept*. 28 de novembro de 2023.
[11] Jewish MP tells staff what to do if there is an attempt on his life, *Telegraph*. 26 de janeiro de 2024.
[12] Columbia University says it has banned student protester who said "Zionists don't deserve to live", NBC. 27 de abril de 2024.
[13] Don't Equate Anti-Zionism With Anti-Semitism, *Atlantic*. 3 de novembro de 2023.
[14] Embassy protester demanded "Jewish Blood", *The Times*. 30 de maio de 2021.
[15] "Zionism is Nazism" scrawled on Norwich synagogue, *Jewish Chronicle*. 14 de março de 2024.
[16] Blood Libels throughout History, *Holocaust Encyclopedia*.
[17] When protests cross into antisemitism, it hurts the Palestinian cause, *Guardian*. 14 de junho de 2024.
[18] Threatening Jews is now acceptable – so long as you call them Zionists, *Forward*. 14 de junho de 2024.
[19] Public Health Under the Third Reich, Experiencing History – Holocaust Sources in Context.
[20] Let's see the "criticism" of Israel for what it really is, *Independent*. 18 de fevereiro de 2009.
[21] Threatening Jews is now acceptable – so long as you call them Zionists, *Forward*. 14 de junho de 2024.
[22] When does anti-Zionism become antisemitism? A Jewish Historian's perspective, *Conversation*. 27 de março de 2024.
[23] *Israelopobia: The Newest Version of the Oldest Hatred and What To Do About It*, Jake Wallis Simons. Constable, 2023.

[24] *Israelopobia: The Newest Version of the Oldest Hatred and What To Do About It*, Jake Wallis Simons. Constable, 2023.
[25] Don't Equate Anti-Zionism With Anti-Semitism, *Atlantic*. 3 de novembro de 2023.
[26] Anti-Jewish Hatred is rising – we must see it for what it is, *Guardian*. 11 de agosto de 2014.
[27] Israel's War Psychosis, *Counterpunch*. 31 de março de 2024.
[28] Despite backlash, Masha Gessen says comparing Gaza to a Nazi-era ghetto is necessary, *NPR*. 22 de dezembro de 2023.
[29] Anti-Zionism and Anti-Semitism, *Fathom*. October 2019.
[30] *On the Jewish Problem*, Leon Trotsky, 1937.
[31] Anti-Zionism and Anti-Semitism, *Fathom*. October 2019.
[32] Anti-Zionism and Anti-Semitism, *Fathom*. October 2019.
[33] Holocaust inversion, anti-Zionism and British neo-fascism: the Israel-Palestine conflict and the extreme right in post-war Britain, *Patterns of Prejudice*. Janeiro de 2019.
[34] Benchmark survey of British Jews finds strong attachment to Israel and decline in Zionist identity, Religion Media Centre. Fevereiro de 2024.
[35] The fall and rise of Jewish American Zionism, *Jerusalem Post*. 1 de outubro de 2023.
[36] When does anti-Zionism become antisemitism? A Jewish Historian's perspective, *Conversation*. 27 de março de 2024.

VIDAS JUDIAS IMPORTAM

Imagine se a Batalha de Cable Street tivesse acontecido em 2024. Imagine se esse celebrado embate entre judeus e seus aliados da classe trabalhadora de um lado e o movimento fascista do outro fosse na Inglaterra do século XXI. O que aconteceria?

A verdadeira Batalha de Cable Street aconteceu no extremo leste de Londres em 1936. Foi um levante revolucionário de judeus, esquerdistas e trabalhadores contra a ameaça do Sindicato Britânico dos Fascistas (BUF, sigla em inglês). O BUF foi fundado por Oswald Mosley em 1932. Mosley era um membro do parlamento conservador antes de ir para a House of Commons (Câmara dos Comuns do Parlamento inglês) e se unir ao Partido

Trabalhista. No começo da década de 1930, depois de uma viagem à Itália para conhecer Mussolini, Mosley se converteu à causa do fascismo. E convenceu muitos na alta sociedade. Jornalistas de renome, conhecidos, amigos da realeza e, notoriamente, duas das aristocráticas irmãs Mitford, juntaram-se à cruzada fascista. Uma das irmãs Mitford – Diana – se jogou completamente na empreitada e se casou com Mosley na casa de Joseph Goebbels, em Berlim, onde Adolf Hitler era um convidado de honra.

As pessoas daquela região de Londres não gostaram muito da homenagem de Mosley a Mussolini. E deixaram isso claro quando o BUF anunciou sua intenção de fazer uma manifestação no bairro, no dia 4 de outubro de 1936. Na época, a região tinha uma grande população judaica. O desfile que o BUF planejou, no qual milhares de seus apoiadores estariam com suas "camisas negras", era visto por muitos moradores como uma inaceitável provocação antissemita. Então, o povo resolveu tomar uma atitude. Tanto a polícia quanto o partido não concordaram. Os órgãos estavam preocupados que um contra-ataque ao desfile de Mosley pudesse causar confusão, mas, mesmo assim, os trabalhadores do local foram em frente.

Seu slogan era "Eles não passarão", um eco do clamor dos republicanos espanhóis que se ergueram contra o golpe nacionalista de Franco naquele ano. Os rebeldes do extremo leste de Londres organizaram barricadas em Cable Street. Usaram um ônibus tombado, mesas, cadeiras e pedras de pavimentação para bloquear o acesso dos fascistas. Reuniram armas improvisadas – pedras, pés de cadeiras, legumes podres e até o conteúdo de seus penicos – para se colocarem contra os fascistas e os policiais que tentaram desmantelar as barricadas e liberar as ruas. As crianças jogavam bolinhas de gude sob os cascos dos cavalos (que os policiais montavam). Uma comunidade inteira se preparou para uma batalha contra o fascismo e em defesa dos judeus.

A batalha começou intensa. Mosley caminhou com cerca de 5 mil camisas negras. Do outro lado, atrás das barricadas, havia milhares de pessoas: judeus, trabalhadores irlandeses das docas, comunistas, anarquistas, sindicalistas. Assim aconteceu um dos combates de rua mais ferozes da Inglaterra. Tijolos foram jogados no carro de Mosley, pedaços de pau nos camisas negras, pedras arremessadas aos policiais que asseguravam o direito da turba de Mosley se manifestar na Cable Street. Centenas de pessoas ficaram feridas, muitas foram presas. E os antifascistas ganharam. Sob o bastião de policiais a cavalo e a violenta ameaça dos camisas negras, os judeus e seus aliados saíram vitoriosos. Mosley abandonou seus planos e se apressou em voltar para o centro de Londres.

A Batalha de Cable Street é certamente celebrada como um dos grandes levantes do povo do começo do século XX. Há um mural no leste de Londres que a representa. Há livros, filmes e até um musical. Muitos britânicos têm orgulho de que, na década de 1930, os judeus daquela região, que tinham fugido de pogroms antissemitas da Rússia e da Europa Oriental no fim de 1800 e no começo dos anos 1900, não sofreram a mesma violência e nem a falta de dignidade nas mãos da turba de Mosley. (Entretanto, no fim de semana após a Batalha de Cable Street, o leste de Londres foi abalado com o Pogrom de Mile End, quando 200 camisas negras quebraram as janelas de casas e lojas judias). A Batalha de Cable Street é vista por muitos como uma previsão da guerra contra a Alemanha nazista, como algo pioneiro em relação ao confronto futuro do fascismo, como uma prova da ideologia racista e desumana que estava já presente na Europa e que poderia desintegrar a Inglaterra.

E como seria isso hoje? E se uma turba fascista marchasse na área judaica de Londres em 2024? Será que haveria um levante de resistência, um "vamos tomar as ruas para expulsar os fascistas e lutar"? Eu temo que não. Acho que tal solidariedade agora é impossível na era das políticas identitárias, na suspeita interseccional e progressista do "privilégio judaico". Eu temo que hoje os judeus estejam sozinhos – apesar de unidos com uma parcela pequena da população que ainda reconhece a questão de que quando o antissemitismo aparece, a sociedade está realmente com problemas sérios.

Eu acho que seria assim: inicialmente, os liberais e a esquerda ficariam preocupados com o planejado desfile fascista. Até assinariam uma petição no *change.org* apelando para que o Parlamento banisse o desfile, dadas as suas preferências para acalmar a influência da autoridade estatal em relação à força imprevisível do poder do povo. Eles colocariam o símbolo antifascista na sua bio das mídias sociais, ao lado dos seus pronomes e do símbolo do Black Lives Matter. Colocariam no Twitter/X "Fora o fascismo" ou "Proíbam a manifestação", e postariam um link de um artigo do *Guardian* sobre a história problemática do fascismo.

Logo depois, as dúvidas surgiriam. Alguns diriam: "e a islamofobia"? Por que todo o foco está no antissemitismo? Por que estamos colocando o sofrimento dos judeus no topo da "hierarquia do racismo" *de novo*? Uma "hierarquia de racismo" tem sido a obsessão da esquerda britânica há anos. Estão todos convencidos de que, na falta de qualquer coisa que pode ser evidência, o Partido Trabalhista e outras instituições da sociedade priorizam sua simpatia para com os judeus acima de qualquer outro grupo social. Não creio que eu já tenha participado de qualquer debate na mídia sobre antissemitismo com a esquerda sem meu interlocutor perguntar: "E a islamofobia?". É como se eles tivessem um tique nervoso.

Suas crenças interseccionais logo apareceriam. Esta é uma das ideologias mais desastrosas da esquerda sem classes rigidamente estruturadas. Ela sustenta que as que múltiplas formas de discriminação enfrentadas por um grupo se combinam, se sobrepõem, dando origem a uma experiência de sofrimento inteiramente distinta – algo que as pessoas de fora do grupo provavelmente não são capazes de entender. Assim, uma mulher muçulmana enfrenta muitas formas interseccionais de discriminação – baseando-se na cor da sua pele, seu gênero, suas crenças religiosas, seu véu – e um judeu enfrenta poucos. Ele é branco, homem e provavelmente hétero cis – então ele está *bem*. A interseccionalidade é turbinada por uma crença tóxica de que algumas pessoas são "mais oprimidas" do que as outras e, por consequência, algumas são mais privilegiadas. Depois de quanto tempo, o "privilégio" dos alvos judaicos da marcha fascista se tornariam um fato na discussão? Não muito tempo, eu apostaria.

Logo depois chegaríamos a um dos piores e mais nocivos pontos da discussão progressista da década de 2020. Alguns refletiriam: as pessoas contra as quais estamos nos mobilizando são judeus ou sionistas? As bandeiras israelenses estão penduradas nas janelas e os fascistas vão passar perto? Se sim, isto pode ser um problema. Na realidade, qualquer símbolo judaico escancarado pode ser uma questão para a moderna classe ativista se posicionar contra os racistas. Todos vimos as gravações de um policial na Escócia aconselhando um homem judeu a esconder sua corrente com a Estrela de David, pois faria com que os protestantes pró-palestinos ficassem com "muita, muita raiva".[1] Todos lembramos quando Gideon Falter, da Campanha contra o Antissemitismo estava em uma manifestação pró-Palestina, com sua *kipá* e um oficial falou para ele seguir adiante. Todos lembramos quando a multidão gritou para Falter (quando ele realmente seguiu em frente): "Escória sionista, escória sionista, escória sionista…".[2]

Então, claramente, seria necessária uma avaliação antes de oferecer solidariedade. Estes judeus são judeus *judeus* ou judeus sionistas? Estão orgulhosos *demais* da sua identidade judaica, algo que pode lembrar um fanatismo judaico, e também são *muito* apoiadores de Israel? Se sim, talvez *eles* sejam fascistas? Talvez eles sejam uma ameaça da extrema direita? A crença de luxo do grupo progressista conta com a Israelfobia e a desconfiança do "privilégio judaico", além da tendência deste grupo em ver os judeus que gostam de Israel como os "judeus maus", podem logo atenuar seu entusiasmo por ir para qualquer lugar perto da rua onde os fascistas planejam marchar.

E, depois, viria a questão mais desagradável e mais preocupante. Como os fascistas se parecem? Se eles forem de pele branca, rosto vermelho com barrigas de cerveja e uma bandeira do St. George nos ombros, pode ser que o interesse da classe ativista seja voltado ao contraprotesto.

A esquerda pós-classes ama uma confrontação com *gammons**.³ Mas se eles forem radicais islâmicos, se forem extremistas que são de uma comunidade minoritária, aí esquece. Ninguém quer correr o risco de ser rotulado como islamofóbico. Ninguém quer compor a opressão de grupos supostamente oprimidos ao contrariá-los. Ninguém quer estar ao lado de pessoas "brancas" contra pessoas "morenas". Depois dos mais cruéis dos cálculos, da deliberação mais retrógrada, a moderna Batalha de Cable Street acabaria antes de começar.

E o desenlace dessa luta frustrada contra o fascismo, a dissipação dessa sequência de Cable Street? Talvez um dos moradores judeus postaria um vídeo online, no qual ele pergunta, com lágrimas nos olhos, onde está a solidariedade. "Okay, Karen"**, pode ser uma resposta. "Chora mais, sionista", outra pessoa pode dizer. E, inevitavelmente: "*E a islamofobia?*".

A Batalha de Cable Street é inconcebível hoje na Inglaterra. As ideias, a bravura, a simples decência necessária para tal embate contra o fascismo não existem mais. O credo opressivo do identitarismo, o implacável aumento do policiamento de privilégios, o culto da denúncia competitiva, a desconfiança em relação ao sionismo que tanto parece com a desconfiança em relação aos judeus – tudo isso garantiu que as junções de linhas religiosas, de cores e de identidades, do século XX, não possam lutar por grandes causas humanitárias. Não se pode repetir hoje as lutas de ontem. Esses destrutivos grupos políticos fizeram com que a Batalha de Cable Street se tornasse um evento distante e muito antigo. Alguém pode admirar esse evento, mas não consegue realmente imaginar. O *establishment* cultural pode até romantizar, enquanto permanece feliz sem saber que se houvesse algo hoje em dia, eles não estariam do lado de quem eles acham que estariam.

---

* N.T.: *Gammon* é um termo pejorativo, popularizado na cultura e na política há cerca de 15 anos. Refere-se à cor de uma pessoa branca quando fica nervosa (mais vermelha).
** N.T.: Termo pejorativo e estereotipado dado a uma mulher branca que exige seus direitos acima de tudo.

Nem precisamos usar nossa imaginação. Desde o 7 de Outubro vimos com nossos próprios olhos o que aconteceria se houvesse uma outra batalha em Cable Street. Vimos liberais e esquerdistas caminharem lado a lado com islâmicos radicais reivindicando novos pogroms contra os judeus. Vimos supostos progressistas juntarem-se aos islâmicos comemorando a vingança violenta de Maomé contra os judeus. Vimos radicais burgueses gritarem "escória sionista" para um homem de *kipá*. Vimos comentaristas da esquerda usarem várias desculpas para o mais sangrento pogrom cometido contra os judeus desde o Holocausto. E vimos essas pessoas não fazerem nada quando um homem recebeu uma sentença insignificante ao ameaçar judeus com uma faca em Golders Green em Londres.[4] E, também, quando três homens, no norte de Londres, foram presos, suspeitos de organizar um ataque com armas contra judeus.[5] E quando as sinagogas foram atacadas. E quando crianças judias tiraram seus casacos para escapar da atenção dos racistas. E quando os crimes de ódio antissemitas em Londres cresceram 1.350%.[6]

O silêncio é ainda violência, como foi dito nos protestos de 2020 do *Black Lives Matter*? Se sim, a "violência" deles contra os judeus é ensurdecedora.

A verdade é que houve minirrevoltas de Cable Street na Inglaterra e em quase todos os lugares desde o dia 7 de Outubro. Revoltas antissemitas, turbas gritando "escória judia", gritos por pogroms, assédios raciais com judeus nas universidades. E a esquerda que ama o que aconteceu em Cable Street 90 anos atrás se fingiu de cega ou tomou o lado dos extremistas. Esta é a desumanização das políticas identitárias. É aqui que a ideologia do *establishment* cultural (sem classes rigidamente estruturadas, hiper-raciais, e obcecada com o privilégio) acaba: com uma guerra de baixo nível contra os judeus, à luz do dia.

Andei de bicicleta na Cable Street logo depois do pogrom do Hamas. Praticamente em todos os postes de luz havia uma bandeira palestina. É uma área, em sua maioria, muçulmana, de onde judeus saíram anos atrás, então, talvez, seja até compreensível.

E, no entanto, eu não pude deixar de pensar o quão triste tudo isso é, e até trágico, que na mesma rua onde os judeus e seus amigos conseguiram lutar contra o fascismo, agora estejam as bandeiras do lado de quem cometeu o pogrom contra os judeus, e não a bandeira de quem sofreu.

Há a necessidade de um contra-ataque às indiferenças de nossas elites em relação às dificuldades que o povo judeu enfrenta, e contra as desculpas a favor de pogroms, e contra seu castigo em nossas sociedades de uma política de inveja e divisão que falsamente se chama de "progressista". E, mais importante ainda, contra as pessoas nas ruas se manifestando contra os "sionistas", que significa "judeus". Se vocês virem estes manifestantes, falem: "Vocês também não passarão".

NOTAS

[1] Police Scotland tell Jewish man to hide Star of David for "safety", *Herald*, 14 de fevereiro de 2024.
[2] What does a longer video of the exchange between Met officer and antisemitism campaigner tell us? *Guardian*, 22 de abril de 2024.
[3] As Brixeteers and Right-wing voters are dismissed as "gammon". Brendan O'Neill reveals why Britain's elites hold ordinary people – and democracy – in such contempt, *Daily Mail*, 3 de junho de 2023.
[4] Why was this anti-Semitic maniac given a slap on the wrist?, *spiked*, 13 de junho de 2024.
[5] Three in court over alleged plot to attack Jewish community, BBC, 14 de maio de 2024.
[6] Antisemitic hate crimes in London up to 1.350%, Met police say, *Guardian*, 20 de outubro de 2023.

POSFÁCIO

Eduardo Wolf

Tive o privilégio de publicar o primeiro artigo de Brendan O'Neill no Brasil. Foi em maio de 2018, no *Estado da Arte*, a plataforma cultural on-line que ajudei a fundar, hospedada no site do jornal *O Estado de S. Paulo*. O artigo intitulava-se simplesmente "Por que vocês odeiam Israel?".[1]

Estávamos, então, ainda distantes dos horrores que o mundo testemunharia em 7 de outubro de 2023, longe das estupefacientes manifestações do progressismo ocidental que tomaram as ruas de tantas cidades europeias e americanas já no dia 8 – trazendo infâmia ao horror. Longe, é verdade, no tempo; mas não no espírito do tempo: já em seu artigo, publicado originalmente na *spiked*, a revista que editou durante tantos anos, O'Neill acusava o antissemitismo progressista, marca maldita do progressismo contemporâneo, com clareza, objetividade e vigor. "Por que vocês odeiam Israel mais do que qualquer outra nação?", indagava o artigo de O'Neill à época. O que faz com que toda essa fúria ideológica seja canalizada contra Israel, mesmo em face de tantos e tão piores conflitos e dramas humanos e políticos pululando pelo globo? O artigo de Brendan O'Neill dizia-o às claras:

> O tratamento de Israel como particularmente colonialista, como um exemplo de racismo, como responsável pelos tipos de crime contra a humanidade que achávamos ter deixado nos momentos mais sombrios do século XX, realmente capta o que move a atual fúria intensamente dedicada [a] essa nação sobre todas as outras: Israel tornou-se o saco de pancadas daqueles que se sentem envergonhados ou desconfortáveis com os excessos políticos e militares cometidos por suas próprias nações no passado e que agora expressam essa vergonha e esse desconforto vociferando contra o que consideram, hiperbolicamente, ser uma expressão remanescente daquele passado: Israel e a maneira como trata os palestinos. Eles atribuem todos os horrores do passado a Israel, e por isso o denunciam como ideológico, racista, imperialista e até genocida – para eles, e graças à sua campanha, Israel passou a simbolizar os crimes do passado.

O privilégio de ter publicado O'Neill pela primeira vez no Brasil, bem como de ter debatido com ele em sua primeira passagem pelo país naquele já distante 2018, deu lugar a um sentimento de dever, passados sete anos, de 2018 até 2025. Quando, em Israel, descortinou-se uma orgia de assassinatos e sequestros do grupo terrorista islâmico palestino Hamas, naquele terrível 7 de outubro de 2023, marcando o maior massacre de judeus em um único dia desde o Holocausto, por alguns breves momentos pareceu-me óbvio que estávamos diante de um dos mais hediondos momentos da história recente, algo que provocaria uma reação de rechaço absoluto e um apoio inabalável à nação atacada e a seu povo, novamente vítima de uma vontade genocida (aliás expressa pública e reiteradamente pelo Hamas) de seus inimigos. A realidade que se impôs foi bem outra: já no dia 8 de outubro, quando os corpos das 1.200 vítimas da chacina do Hamas mal tinham sido identificados, as ruas de grandes cidades ocidentais foram tomadas por um espetáculo grotesco de entusiasmo glorificante aos terroristas do Hamas.

Capitaneados pela fina flor do progressismo ocidental – aquele mesmo que O'Neill tão impecavelmente dissecara em seu artigo de 2018 –,[2] hordas de filoterroristas passaram, eles, a aterrorizar ruas, universidades, cidades inteiras, fazendo do ódio antissemita que os alimenta palavra de ordem, bandeira e orgulho. Como entender esse *segundo* ato diabólico, que acrescentou uma vileza toda particular ao já hediondo massacre terrorista do 7 de Outubro? O dever que se impôs foi o de voltar a ler – e divulgar – o que dizia e escrevia O'Neill.

Tivemos muitos dias para testemunhar a reencenação da marcha do ódio a Israel e aos judeus ao longo dos meses seguintes. Tivemos também, importa reconhecer, algumas poucas vozes que mostraram a ousadia da integridade e da firmeza moral de bem denunciar, com a clareza exigida e com a força necessária, o crime reiterado que tantos tentavam encobrir: aquilo que aconteceu *depois do pogrom* de 7 de Outubro, revelador de uma verdadeira crise da civilização. Brendan O'Neill foi uma dessas vozes, e, nos artigos esclarecedores e incisivos deste livro que o leitor tem em mãos agora, oferece a todos os que quiserem compreender esse fenômeno uma análise indispensável. Seja em artigos como "O país mais odiado", em que o ativismo anti-Israel é desmascarado como a extensão do anti-Ocidentalismo que realmente é, seja em "A aliança mais profana", em que o filoterrorismo de Judith Butler (que explicitamente tratou o Hamas como "movimento social progressista, parte da esquerda global") e do ex-líder do Partido Trabalhista inglês, Jeremy Corbyn, são cruamente expostos e dissecados, Brendan O'Neill oferece em seu livro os antídotos elementares contra a crise que diagnostica: primeiramente, não fingir que não vemos o que se passa. Sobretudo, não pretender que não é conosco.

NOTAS

[1] O artigo pode ser acessado em https://estadodaarte.estadao.com.br/politica/por-que-voces-odeiam-israel/.
[2] Em 2023, o brilhante historiador britânico Simon Sebag Montefiore publicou um vigoroso artigo dissecando a ideologia dita "decolonial" por trás do moderno antissemitismo progressista: "The Decolonization Narrative is False and Dangerous", *The Atlantic*, 27 de outubro. https://www.theatlantic.com/ideas/archive/2023/10/decolonization-narrative-dangerous-and-false/675799/.

O autor

Brendan O'Neill é o editor-chefe de política da revista *Spiked*, sedeada em Londres, e foi editor da revista por quase 15 anos, de 2007 até 2021. Brendan apresenta um podcast semanal, *The Brendan O'Neill Show*. Seus textos já foram publicados em: *Spectator, The Sun, Daily Mail* e *The Australian*. Tem outros livros publicados: *O manifesto herege, A Duty to offend* e *Anti-Woke* (estes últimos sem tradução para o português).

A tradutora

Andréa Kogan é professora, formada em Letras e doutora em Ciências da Religião. Atua com comunicação, revisão e tradução. É assistente acadêmica do Laboratório de Política, Comportamento e Mídia da Fundação São Paulo/PUC-SP e é autora do livro *Espiritismo judaico*, publicado pela Editora Labrador.

GRÁFICA PAYM
Tel. [11] 4392-3344
paym@graficapaym.com.br